Friedrich G.L. Gressler

Elsass und Lothringen

Geschichtlich und geographisch in volksthümlicher Weise beschrieben

Friedrich G.L. Gressler

Elsass und Lothringen
Geschichtlich und geographisch in volksthümlicher Weise beschrieben

ISBN/EAN: 9783743663916

Hergestellt in Europa, USA, Kanada, Australien, Japan

Cover: Foto ©ninafisch / pixelio.de

Weitere Bücher finden Sie auf **www.hansebooks.com**

Elsaß und Lothringen

geschichtlich und geographisch.

In volksthümlicher Weise beschrieben

von

F. G. L. Greßler.

Dritte Auflage.

Langensalza,
Schulbuchhandlung von F. G. L. Greßler.
1871.

Vorrede.*)

Keine Nation hat jemals einen so schlechten Nachbar gehabt als Deutschland ihn seit den letzten 4 Jahrhunderten in Frankreich besaß, schlecht in jeder Weise, einen frechen, raubsüchtigen, unersättlichen, unermüdlich raufsüchtigen Nachbar. Dafür hat nun aber auch noch nie ein frecher ungerechter Nachbar eine so vollständige, rasche und schmachvolle Züchtigung erhalten. Nach 400 Jahren schlechter Behandlung hat jetzt Deutschland die hohe Freude, seinen Feind ehrlich und gründlich niedergeschlagen zu sehen. Und da wäre es denn doch wahrlich ein Thor, wenn es jetzt, wo es das kann, nicht zwischen sich und solchem Nachbar eine schützende Schranke errichtete.

Ich kenne kein Naturgesetz, keine Himmels-Parlamentsakte, wonach die Franzosen allein unter allen irdischen Kreaturen geraubtes Gut nicht herauszugeben brauchten, wenn der Eigenthümer, dem sie es genommen, im Stande ist, es ihnen wieder abzunehmen. Das könnten doch nur die Franzosen sich einbilden. Elsaß und Lothringen wurden wahrhaftig nicht in besonders göttlicher Mission geraubt. Richelieu's Pfiffigkeit

---

*) Geschrieben, nicht von dem Verfasser dieses Büchleins, sondern von Thomas Carlyle, veröffentlicht in der »Times«.

und der lange Arm Ludwigs XIV. sind die einzigen Rechts-
titel auf diese deutschen Länder. Richelieu und Turenne schraubten
sie los und Louis le Grand that das Uebrige. Auch eine gute
Portion von Rechtsverdreherei war dabei. Ueber die schand-
baren Reunionskammern protestirte sogar England, aber eine
sublime, ironisch politische Geberde, das war die ganze Ant-
wort des großen Ludwig. Nannte er sich doch selbst auf seinen
Münzen excelsus super omnes gentes dominus. Straßburg
wurde sogar einfach durch Hauseinbruch genommen, Metz und die
drei Bisthümer wurden es durch betrügerische Pfandleihe. König
Wilhelm hat sie den Franzosen wieder abgenommen und ich
meine, es ist vollkommen gerecht, vernünftig und weise, wenn
diese Länder Deutschland wieder an sich nimmt und durch gute
Befestigung seines eigenen alten Wasgau (Vogesen) und Hunds-
rück sich bei Zeiten gegen neue französische Visiten schützt.

Das Kaiserthum Lothringen.

Karl's des Großen Reich erstreckte sich vom Ebro bis zur Theiß, von der Eider bis zur Tiber. Auf seinem Haupte glänzten drei Kronen: die fränkische, die eiserne der Lombarden und die kaiserliche.

Karl hatte drei Söhne: Karl, Pipin und Ludwig. Karl und Pipin starben schon vor ihm, so blieb als einziger Erbe des gewaltigen Reiches bloß Ludwig, genannt der Fromme.*)

Dieser hatte ebenfalls drei Söhne: Ludwig, Karl und Lothar, und vertheilte unter diese das Reich dergestalt, daß

Ludwig Deutschland erhielt;

Karl, genannt der Kahle, erhielt das westliche Frankreich;

Lothar behielt die Kaiserwürde und Italien und bekam einen schmalen langen Landstrich zwischen Deutschland und Frankreich, von den Alpen bis in die Niederlande; nämlich das Land Wallis und Wadt von der Schweiz, dann das süd-östliche Frankreich bis zum Rhonefluß und am linken Rheinufer Elsaß und die Gegenden der Maas, Mosel und Schelde.

Lothar's Haus regierte nicht lange. Er selbst ging 855 ins Kloster und theilte sein Reich wieder unter seine drei Söhne:

Ludwig II. wurde Kaiser und König von Italien.

---

*) Nicht zu verwechseln mit Ludwig dem Heiligen, König von Frankreich, geb. 1215, gest. 1270.

Karl erhielt Lyon, die Provence, Dauphiné und einen Theil Helvetiens, also das jetzt sogenannte **französische Lothringen**.

Lothar II. bekam Deutschlothringen, die jetzigen Provinzen Elsaß und Lothringen.

Das Herzogthum Lothringen.

Von da an, nämlich von 855 bis 1766, 911 Jahre hindurch, war das Herzogthum Lothringen ein Bestandtheil des deutschen Reiches. Um solches zu beweisen, erinnern wir bloß an folgende geschichtliche Thatsachen.

Im Jahre 1356 berief Kaiser Karl IV. (aus dem Hause Luxemburg) einen feierlichen, höchst glänzenden Reichstag nach Metz, und vereinbarte dort mit den Reichsständen die berühmte goldene Bulle (so genannt wegen des angehängten goldenen Siegels), welche bis zur Auflösung des deutschen Reiches das Grundgesetz desselben blieb. Die goldene Bulle ordnete die deutsche Kaiserwahl und alles, was damit in Verbindung stand, und suchte dem damaligen Unwesen des Faustrechts Einhalt zu thun. Metz, von wo die goldene Bulle datirt ist, war daher eine deutsche Stadt.

Im Jahre 1500 theilte der Kaiser Maximilian I. das deutsche Reich mit Zustimmung der Reichsstände in sechs Kreise: den fränkischen, schwäbischen, bayerischen, oberrheinischen und sächsischen. Dem oberrheinischen Kreise wurde Lothringen zugetheilt, dem schwäbischen Elsaß. Im Jahre 1812 wurde die Zahl der Kreise bis auf zehn erhöht.

911 Jahre hindurch ist demnach das Herzogthum Lothringen ein Bestandtheil des deutschen Reiches, ein deutsches Reichsland gewesen.

Elsaß mußte sich der Herrschaft der lothringischen Herzöge zu entziehen, fast alle seine bedeutenderen Städte, 10 an der Zahl, wurden freie deutsche Reichsstädte, es bildeten sich reichsunmittelbare Bisthümer, Fürſtenthümer, Reichsritter, und dieſe unglückſelige Zerſplitterung machte das Elſaß zu einer leichten Beute der franzöſiſchen Raubſucht.

Auf welche Weiſe das Herzogthum Lothringen, worunter wir noch einmal das Elſaß mit begreifen wollen, durch ſeine Diplomatie, durch ſchändlichen Verrath, durch freche Gewalt- thaten, durch die Schwäche und Zerſplitterung Deutſchlands, durch Pflichtvergeſſenheit der Kaiſer aus dem Hauſe Habs- burg an die Franzoſen verloren ging; wie es 1813 und 1815, als es ſchon zurück erobert war, aus Neid gegen Deutſchland und namentlich gegen Preußen den Franzoſen gleichwohl über- laſſen wurde; wie es endlich durch Deutſchlands Einheit und Stärke, durch den Heldenmuth ſeiner Söhne, durch treffliche Führung ſeiner Krieger wieder an Deutſchland, hoffentlich für immer, gelangte, ſolches dürfen wir als allbekannt übergehen.

Elſaß und Lothringen

als Beſtandtheile des deutſchen Kaiſerreiches unter den Hohenzollern.

Noch tobt, während dieſes geſchrieben wird, der Krieg zwiſchen den Räubern und den Beraubten. Mit Gottes Hilfe wird hoffentlich dießmal die gerechte Sache den Sieg behalten, und da wir unſere deutſchen Reichskreiſe bereits wieder haben, und nach menſchlicher Vorausſicht ſicherlich nicht wieder aus- liefern werden, ſo entſteht die Frage: Unter welcher Geſtalt werden ſie dem deutſchen Reiche einverleibt? Endgültig be- ſchloſſen iſt darüber noch nichts, aber höchſt wahrſcheinlich wird Elſaß-Lothringen als unmittelbares Reichsland unter einem vom deutſchen Kaiſer zu ernennenden Statthalter, mit dem Sitz in Straßburg, dem deutſchen Reiche einverleibt werden. Dieſes Reichsland wird ſeine eigenen Finanzen, ſeine eigene Verwaltung und Rechtspflege haben und nach drei Jahren in den Reichstag, in den Zollverein aber ſofort eintreten. Und zwar wird dieſe Einverleibung noch vor dem Friedensſchluſſe erfolgen.

Das neue deutſche Reich wird dann beſtehen aus folgenden Staaten:

25 Staaten nach offizieller Reihenfolge.	D. QMln.	Bewohner 3. Dezember 1867.	Vertreter im Bundesrath.	Vertreter im Reichstag.
Königreich Preußen mit Lauenburg	6396,215	24,039,668	17	236
» Bayern	1377,78	4,824,421	6	48
» Sachſen	271,83	2,423,401	4	23
» Würtemberg . · .	354,288	1,778,396	4	17
Großherzogth. Baden . . .	278,064	1,434,970	3	14
» Heſſen	139,646	823,138	3	9
» Meckl.-Schwerin .	244,12	560,618	2	6
» Sachſen-Weimar .	66,03	283,044	1	3
» Mecklenb.-Strelitz .	49,19	98,770	1	1
» Oldenburg . . .	116,23	315,622	1	3
Herzogth. Braunſchweig . . .	67,022	302,792	2	3
» Sachſen-Meiningen .	44,97	180,335	1	2
» Sachſen-Altenburg .	24,00	141,426	1	1
» Sachſen-Cob.-Gotha .	35,772	168,735	1	2
» Anhalt	42,183	197,041	1	2
Fürſtenth. Schwarzb.-Rudolſtadt	17,58	75,116	1	1
» Schwarzb.-Sondersh.	15,63	67,533	1	1
» Waldeck	20,359	56,807	1	1
» Reuß ältere Linie . .	4,99	43,889	1	1
» Reuß jüngere Linie .	15,06	88,097	1	1
» Schaumburg-Lippe .	8,05	31,186	1	1
» Lippe	20,60	111,352	1	1
Freie Stadt Lübeck	5,21	48,538	1	1
» » Bremen . .	4,662	109,572	1	1
» » Hamburg . . .	7,442	305,196	1	3
Deutſches Reich .	9627,213	38,509,663	58	382
Elſaß und Deutſch-Lothringen .	273,89	1,638,546		
Summe .	9901	40,148,209		

Es wird dann der größte und mächtigſte Staat in Europa ſein.

Denn es hat:

	C.Meilen.	Bewohner.
Europäisches Rußland	100,285	69,379,500 (1863—66)
Deutsches Reich mit Elsaß und Deutsch-Lothringen	9,901	40,148,209 (1867)
Frankreich ohne Elsaß und Deutsch-Lothringen	9,588	36,428,548 (1866)
Oesterreichisch-Ungarische Monarchie .	10,780	35,943,592 (1869)
Groß-Britannien nnd Irland . . .	5,732	30,838,210 (1870)
Italien mit Rom	5,376	26,470,000 (1869)

An Flächeninhalt wird es, wie die Tabelle zeigt, über-troffen von Rußland und von Oesterreich, an Volkszahl bloß von Rußland. Doch ist in beiden Staaten das Volk von ganz anderer Art als in Deutschland.

Hundertmal hat Napoleon III. und haben seine Franzosen versichert: das französische Kaiserreich ist der Friede; eine wirk-lich zuverlässige Bürgschaft für einen dauernden Frieden wird nur das deutsche Kaiserreich sein. Denn, was wollen, was verlangen wir, das wir nicht schon hätten? und andererseits, wer wird es wagen uns anzugreifen?

Grenzen.

a) Die Sprachgrenze.

Wie sich die Grenzen des Elsaß und Lothringens in der Zukunft gestalten werden: wer mag das jetzt bestimmen!

Bleiben sie, wie sie jetzt sind, so grenzt Elsaß-Lothringen gegen Osten an Deutschland, gegen Westen an Frankreich, gegen Norden an Belgien, gegen Süden an die Schweiz.

Es werden aber sicherlich bei Bestimmung der künftigen Grenzen zwischen Deutschland und Frankreich ganz andere Gesichtspunkte ins Auge gefaßt werden, namentlich die Sprach-grenze und die strategische Grenze.

Die Sprachgrenze beginnt, wenn wir sie von Norden nach Süden verfolgen, bei Longwy, zieht sich in nordöstlicher Rich-tung bis Schöneck bei Barr, geht dann nordwestlich bis Mauer-

münſter und endet bei dem Dorfe Winkel, unweit Lauffen in
der Schweiz.

Da doch ſicherlich jeder Deutſche eine Kriegskarte beſitzt,
welche ihm den Weg der ſiegreichen deutſchen Armeen von
Saargemünd bis Paris zeigt, ſo nehme man dieſe Karte und
ziehe mit Bleiſtift eine Linie, welche von Diedenhofen bis einige
Meilen weſtlich von Barr führt. Wo dieſe Linie endet, da
ſetze er nochmals den Bleiſtift an und ziehe eine zweite Linie
von da bis Belfort, und man wird die Sprachgrenze, welche
das deutſch redende Land von dem franzöſiſch ſprechenden
ſcheidet, ziemlich genau vor ſich haben.

Die Sprachgrenze durchſchneidet daher das Moſeldepar-
tement, giebt hier, um nur die größern Städte zu nennen,
Diedenhofen, Saaralben, Saargemünd, Bitſch, Forbach, St.
Avold an Deutſchland und läßt Metz bei Frankreich.

Vom Departement der Meurthe ſchneidet die Sprachgrenze nur einen kleinen Theil für Deutſchland ab, mit Saarburg und Pfalzburg. Faſt eben ſo viel von dieſem Departement iſt unentſchieden oder gemiſcht, es werden dort beide
Sprachen geſprochen; der Hauptort dieſes unentſchiedenen Ge-
bietes iſt Dieuze.

In Nanzig, Lüneville, Pont à Mouſſon, St. Nicolas,
Baccarat und Toul ſpricht man franzöſiſch.

Im Departement der Vogeſen (Epinal, Remiremont, Mirecourt, Neufchateau) herrſcht die franzöſiſche Sprache.

Das Departement der Maas oder Meuſe mit Bar le Duc,
Commercy, Montmedy und Verdun iſt ganz franzöſiſirt.

Das ganze Elſaß am Ober- und Unterrhein iſt urdeutſch.
Am Oberrhein bilden die Vogeſen die Sprachgrenze und zugleich die Naturgrenze zwiſchen Deutſchland und Frankreich.

Die Sprachgrenze würde daher von Frankreich abſchneiden
und Deutſchland zubringen

1) das ganze Elſaß, 160³/₄ ☐Meilen mit 1,130,000 Einwohnern;

2) von Lothringen das sogenannte deutsche Amt, d. h. den größeren Theil des Moseldepartements und einen kleineren Theil des Departements der Meurthe, ungefähr 117 Quadratmeilen mit 525,000 Einwohnern, zusammen annähernd 277 QM. und 1,566,000 Einw.

Die Göttingen-Grubenhagensche Zeitung enthält einen, die Sprachgrenze bezeichnenden, von dem Herrn Verfasser selbst uns mitgetheilten Aufsatz, welcher im Wesentlichen mit obiger Darlegung übereinstimmt, es heißt dort:

Die Grenze des deutsch-französischen Sprachgebietes zieht sich im Osten Frankreichs vom Dorfe Heinsch in der belgischen Provinz Luxemburg über Longwy, Thionville, Bettendorf (Bettainville), Bolchen (Boulay), Altroff, Biondorf (Bionville), folgt von da dem rechten Ufer der Nied bis Falkenberg (Fauquemont) und führt dann über Moringen (Morange), Finstingen (Fenestrange) die Bieber aufwärts bis Aberschwiller und folgt dann dem höchsten Kamme der Vogesen, so daß deren Westabhang dem französischen, der Ostabhang dem deutschen Sprachgebiete angehört, bis zum Bärenkopfe und von hier auf der Wasserscheide des Doubs und des Rheines bis zur Biers, welche sie oberhalb des schweizerischen Lauffen erreicht.

Es gilt hier nur die gegenwärtige Sprachgrenze in großen Umrissen zu zeichnen, ein detaillirteres Eingehen auf dieselbe würde die Benutzung von Specialkarten erfordern, deren Besitz wir wohl nicht bei allen unseren Lesern voraussetzen dürfen.

Oestlich dieser Linien gehört alles Land dem deutschen Sprachgebiete an, dessen Einwohner sich (abgesehen von einigen Leuten französischer Nationalität, die größtentheils als Beamte in das Land verschlagen) des Deutschen als häusliche, als Familiensprache (nur diese ist bei Fixirung der Sprachgrenze von Einfluß) bedienen.

Die gegenwärtige Departementseintheilung des französischen Reiches zu Grunde gelegt, erstreckt sich das in oben angedeuteter Weise umgrenzte Sprachgebiet über die Departements des Ober- und Niederrheines, der Meurthe und der Mosel.

Im Departement des Oberrheines gehören die Cantone Thann, Sennheim, St. Amarin, Hirsingen, Altkirch, Hüningen, Landseer, Habsheim, Mühlhausen, Ensisheim, Ober-Sultz, Gebweiler, Ruffach, Neubreisach, Andolsheim, Colmar, Winzenheim, Münster, Kaisersberg und Rapolzweiler dem deutschen Sprachgebiete ganz, während die von der Sprachscheide durchschnittenen Cantone Pfirt (La Ferrette), Damer-

lirch (Dannemarie), Maßmünster (Maffeveaix), Schnierlach (La Pou-
troye) und Markirch (St. Marie) demselben nur theilweise angehören;
die Cantone Giromagny, Fontaine, Delle und Belfort sprechen französisch.
Das Departement des Niederrheins gehört mit Ausnahme eines
Theiles des Cantons Willer (Villé) ganz dem deutschen Sprachgebiete an.
Auch das Departement der Vogesen umfaßt in den Cantonen
Schirmeck und Saales noch einige deutsch sprechende Gemeinden.
Im Meurthedepartement umfaßt das deutsche Sprachgebiet die
Cantone Pfalzburg, Finstingen, Saarburg, Albestroff und mehr oder
weniger bedeutende Theile der Cantone Dieuze, Lörchingen (Lorquin),
Rixingen, Chateau-Salins, Vic und Delme.
Das deutsche Sprachgebiet des Moseldepartements umfaßt zu-
nächst das ganze Arrondissement Saargemünd, den Canton Bolchen
nebst Theilen der Cantone Fallenberg, Pange, Vigy und Metz des
Arrondissements Metz. Das Arrondissement Thionville (Diedenhofen)
gehört der deutschen Zunge fast ausnahmslos an, außerdem einige
Gemeinden der Cantone Longwy (die Stadt Longwy jedoch nicht) und
Audun-le-roman des Arrondissements Briey.
Während die Schweiz, Preußen, Belgien, Sachsen und andere
Länder gemischter Nationalität, selbst Oesterreich, bei ihren Volkszäh-
lungen der Nationalität ihrer Bewohner die gewissenhafteste Berücksichtigung haben widerfahren lassen, ist dieß in Frankreich bei statistischen
Aufnahmen grundsätzlich nicht geschehen. Die Welt braucht es
ja nicht zu wissen, daß es im Lande der grande nation noch Leute
giebt, die nicht französisch sprechen.
Wenn darum auch die Zahl der deutsch redenden in den oben
genannten Departements sich nicht auf Grund directer Zählung an-
geben läßt, so läßt sich dieselbe doch durch Berechnung wenigstens annähernd finden.
Danach stellt sich der Flächeninhalt des oben umgrenzten deutschen Sprachgebietes im Departement

des Oberrheines	auf circa 57 QM.	mit	436,000 Einwohnern.
» Niederrheines	» » 85 »	»	570,000 »
der Vogesen und Meurthe	» » 30 »	»	101,000 »
» Mosel	» » 56 »	»	250,000 »

Summa 228 QM. mit 1,357,000 Einwohnern,
die sich auf circa vierzehnhundert Gemeinden vertheilen.
Von diesen 1⅓ Mill. Einwohnern mögen sich dreißig- bis vierzig-
tausend (keinen Falls mehr) des Deutschen Unkundige befinden, größten
Theils Beamte und Militärs mit ihren Familien, die über das ganze
quäst. Sprachgebiet zerstreut sind. Im Uebrigen hat die Bevölkerung,

trotz eines ihr äußerlich angepflogenen französischen Firnisses, ihre deutsche Sprache und Sitte mit echt germanischer Zähigkeit bewahrt, welche Beobachtung allen Denen auch beim flüchtigsten Blicke in das Auge springt, welche Gelegenheit hatten, nicht nur in den ersten Hotels der Städte mit der offiziellen Welt, sondern auch mit der großen Masse, den Arbeitern, der Landbevölkerung zu verkehren. Trotz der systematischen Verfolgung des Deutschthums, welche seit mehr als achtzig Jahren auf der Bevölkerung lastet, erkennt doch selbst ein Bericht des französischen Unterrichtsministers an, daß höchstens nur der siebente Theil der Bevölkerung des Französischen in einer für den Verkehr mit der französischen Beamtenwelt ausreichenden Weise mächtig sind. Dieselbe Quelle giebt die Zahl der Schulkinder, welche sich französisch verständlich zu machen vermögen, auf den dritten Theil aller die Schule überhaupt Besuchenden an.

Außer den Deutschen in Lothringen und im Elsaß wohnen in den Departements du Nord und Pas de Calais, welche Gebiete der früheren Grafschaften Boulogne, Artois und Flandern umfassen, noch mindestens zweimalhunderttausend Einwohner vlaemischer Zunge, welche jedoch, weil durch das in seiner Neutralität jeden Falles respectirte Belgien von Deutschland räumlich geschieden, hier keine nähere Berücksichtigung finden können.

b) Die strategische Grenze.

Die deutsche Sprachgrenze, wenn sie durch den Friedensschluß zur Grenze zwischen Frankreich und Deutschland erhoben würde, bringt die Festung ersten Ranges, Straßburg, sowie auch Diedenhofen, und die zahlreicheren kleineren Festungen des Elsaß in den Besitz der Deutschen.

Sie würde aber Metz und Toul, sowie fast sämmmtliche Festungen Lothringens den Franzosen Preis geben.

Deutschland aber, nachdem es unter Gottes Fügung und durch das in Strömen vergossene Blut seiner edelsten Söhne wieder in den Besitz von Elsaß und Lothringen gekommen, kann die Ausfallthore gegen Deutschland und den ihm angelegten dreifachen Festungsgürtel nicht an seinen Erbfeind zurückgeben.

Die Franzosen sind ein kriegerisches, raubsüchtiges, höchst
unruhiges Volk. Von 1520 bis heute, 350 Jahre hindurch,
haben wir unzähligemale wiederholt mit ihnen kämpfen müssen.
Die Geschichtstabellen zeigen uns

1521 bis 1525, ersten Krieg zwischen Kaiser Karl V. und
    Franz I.

1526 bis 1529, zweiten Krieg zwischen beiden Mächten.

1536 bis 1541, dritten Krieg.

1542 bis 1544, vierten Krieg.

1552. Frankreich entreißt uns Metz, Toul und Verdun.

1618 bis 1648, dreißigjähriger Krieg, von Frankreich theils
    geschürt, theils selbst mitgekämpft.

1672 und 1673, Krieg des großen Kurfürsten mit Ludwig XIV.

1678. Frankreich bemächtigt sich ganz Lothringens.

1681. Im tiefsten Frieden bemächtigt sich Ludwig der Stadt
    Straßburg.

1683. Von Ludwig angestiftet, fallen die Türken in Deutsch-
    land ein und belagern Wien.

1688 bis 1697, wiederholte Raubzüge der Franzosen, welche
    die Pfalz aufs unmenschlichste verwüsten.

1700 bis 1714. Spanischer Erbfolgekrieg.

1756 bis 1763. Siebenjähriger Krieg.

1792 bis 1794. Preußen und Oesterreich im Kriege mit den
    französischen Republikanern.

1796 bis 1815. Kriege unter Napoleon I.

1866 konnte ein Krieg mit Frankreich nur dadurch vermieden
    werden, daß Preußen die deutsche Bundesfestung Luxem-
    burg räumte und zur Schleifung derselben seine Ein-
    willigung gab.

1870. Krieg mit Napoleon III., und nach dessen Gefangen-
    nehmung mit der französischen Nation.

Also unter 350 Jahren 112 Kriegsjahre mit unerträglichen
Drangsalen und gräulichen Verwüstungen.

Wagen wir einen Blick in die Zukunft. Nebelhaft liegt

sie vor uns und dicht umflort; doch erkennen wir in ihr bereits dieselben Bilder, wie die Vergangenheit uns zeigt. Fast mit Sicherheit läßt sich prophezeien, daß unsere Kämpfe mit Frankreich noch nicht beendet sind. Haben die Franzosen unsinniger Weise schon geschrieen:»Rache für Sadowa«, so werden sie, einigermaßen wieder zu Kräften gekommen, doppelte Rache fordern für Sedan, doppelt so laut werden sie schreien nach der Rheingrenze, sogar dann noch würden sie das thun, wenn wir alles wieder eroberte Land ihnen zurückgäben.

Frankreich besitzt 119 Festungen, nämlich:

8 ersten Ranges: Paris, Lyon, Straßburg, Metz, Lille, Toulon, Brest, Cherbourg.*)

5 Kriegshäfen: Lorient, Rochefort und die schon genannten, Toulon, Brest, Cherbourg.

13 Festungen zweiten Ranges: Gravelines, Mezieres, Givet, Charlemont, Diedenhofen, Soissons, Belfort, Besançon, Perpignan, Bayonne, Valenciennes und Calais.

23 Festungen gelten für dritten Ranges.

75 sind vierten Ranges.

Drei Festungen ersten Ranges: Paris, Metz und Straßburg, waren lediglich gegen Deutschland gerichtet und dienten als Ausfallthore, welche die Franzosen nach Gefallen öffnen und im Nothfall hinter sich wieder verschließen konnten. Die zahlreichen Festungen geringeren Ranges, fast alle in Lothringen, Elsaß und der Champagne, bildeten eine Umwallung des östlichen Frankreich, welche zu durchbrechen im Jahre 1870 Arbeit und Blut genug gekostet hat.

Nun wohlan! Ausfallsthore und Umwallung stehen, um einmal bildlich zu reden, auf unserem Gehöft, wir haben be-

---

*) Nach einem kaiserlichen Dekret vom 26. Juni 1867 sind die Anlagen der Werke von Plätzen ersten Ranges zu erhalten und deren Verfall zu verhindern.

reits Besitz davon ergriffen und werden sie behalten, um sie
schließen zu können nach unserem Belieben.

Da aber jede Sache zwei Seiten hat, so kommen auch
Andere und sagen: Elsaß und Lothringen gehören den Franzosen kraft verbriefter Rechte. Ludwig XIV., dieser gekrönte
Räuber, hat sich über Alles, was er stahl, Brief und Siegel
geben lassen; und im Jahre 1815 sind Frankreich diese Länder
von dem Wiener Congreß förmlich und urkundlich zugetheilt.

Die so sprechen, vergessen aber, daß die Verträge von
1815 doppelt zerrissen sind. Dieselben stipuliren, daß nie
wieder ein Napoleonide die französische Krone tragen soll.
Gleichwohl hat sie Napoleon III. 20 Jahre hindurch besessen.

Ferner: Der Krieg macht alle Verträge ungiltig, und nun
gar dieser Krieg, welcher dem deutschen Volke ganz gegen
seinen Willen auf die schnödeste und frechste Weise aufgedrungen
wurde.

Um daher neue Einfälle der Franzosen in Deutschland
künftig zu verhindern, bedarf es einer durch die Natur vorge-
schriebenen, durch Gebirgszüge befestigten strategischen Grenze,
und diese finden wir, was Lothringen betrifft, in dem Laufe
der Mosel von ihren Quellen an bis zur preußischen Grenze,
und zwar dergestalt, daß das ganze Moselthal zu beiden Seiten
des Flusses deutsch bleibt, es verbleibt uns dann, außer den
Moselstädten Diedenhofen, Metz, Pont à Mousson, Nanzig,
Baccarat und St. Dié, auch die im Moselthale liegende Festung
Toul, wie überhaupt die Departements der Maas und der
Mosel und ein Theil des Vogesendepartements.

In dem Elsaß lagert sich dagegen zwischen Deutschland
und Frankreich der gewaltige Felsenwall der Vogesen und bildet
hier die trefflichste natürliche sowie strategische Grenze.

Ein zweiter Vorschlag zu einer tüchtigen Kriegsgrenze,
welcher von allen uns bis jetzt zu Gesicht gekommenen Karten
empfohlen wird, bringt das ganze Lothringen in unseren Besitz.
Die Kriegsgrenze beginnt dann in der Nähe von Sedan und

enbet bei Blamont. Die Argonnen, dieses hohe und rauhe Gebirge mit vielen bis zu 4000 Fuß ansteigenden Gipfeln käme dann in unsere Gewalt und schützte uns wirksamer gegen Einbrüche der Franzosen, als alle Festungen.

Wir hätten dann als Naturgrenzen zwei tüchtige Gebirge, die Argonnen und die Vogesen, und anerkannt ist es, daß nicht Flüsse und Ströme die Völker trennen, sondern Gebirge und Wasserscheiden.

Wo irgend eine bedeutende Stadt emporwächst, da bildet sich an dem gegenüberliegenden Punkte eine Vorstadt, so Straßburg-Kehl, Koblenz-Ehrenbreitenstein, Köln-Deutz, Hamburg-Harburg.

Dagegen bilden hohe und rauhe Gebirge die wirksamste Schutzwehr. Wenn auch das Fußvolk sie mühsam erklimmt, für die Reiterei und für die Artillerie und deren Bedarf sind sie unübersteiglich.

Flächeninhalt, Volkszahl, Eintheilung.

Elsaß hat 160⅜ QMeilen mit 1,130,000 Einwohnern, Lothringen 430 » » 1,601,195 »

Beide zusammen 590¾ QMeilen mit 2,731,195 Einwohnern.

Beide zusammen bilden demnach ein schon recht ansehnliches Königreich, kleiner zwar als Bayern, aber größer als das Königreich Sachsen, welches 270 QM. und 2,426,000 E. hat, und größer als das Königreich Würtemberg mit 254 QM. und 1,748,000 Einwohnern.

Auch Belgien mit 536 QM. würde dieses Königreich an Umfang übertreffen, und gegen das Königreich der Niederlande mit 643 QM. um 53 QM. zurückstehen.

Kommen beide Provinzen (Elsaß und Lothringen) wieder zu Deutschland, so umfaßt dieses (ohne Oesterreich) 10,222 QM. mit 40,474,523 Einw., während Frankreich dann nur noch 9260 QM. und 35,329,805 Einwohner besitzt.

In den Besitz der Deutschen wieder gelangt, haben diese in der Eintheilung und Organisation des Landes Manches geändert. Da jedoch bis zum Frieden und durch denselben noch gar Vieles den Umständen angepaßt werden dürfte, so müssen wir hier der alten von den Franzosen beliebten Eintheilung folgen, werden aber auch der neuen Eintheilung, so weit sie bis jetzt geordnet ist, an den betreffenden Stellen gedenken.

Frankreich war vor der Revolution getheilt in Provinzen, zwei solcher Provinzen waren Elsaß und Lothringen.

Später wurde es getheilt in Departements, deren Zahl bald größer bald kleiner war und nach der Annexion von Nizza und Savoyen 89 betrug.

Lothringen war getheilt in 4 Departements: Meurthe, Vogesen, Maas und Mosel; Elsaß in zwei: Oberrhein und Niederrhein.

Die französischen Departements zerfallen wiederum in Arrondissements, die Arrondissements in Gemeinden.

Jedem Department ist ein Präfect vorgesetzt, jedem Arrondissement ein Unterpräfect, jeder Gemeinde ein Maire.

Die Departements entsprechen nach Umfang und Bevölkerung den preußischen Regierungsbezirken, die Arrondissements den landräthlichen Kreisen.

Der Bundesoberfeldherr theilte nach der Besitzergreifung das Land in zwei Generalgouvernements: Elsaß und Lothringen.

Dem Elsaß wurden zugetheilt die Departements Niederrhein, Oberrhein und Moselbezirk unter der Leitung des Grafen von Bismarck-Bohlen und der Residenz Colmar.

Lothringen mit den drei Departements Meurthe, Maas und Vogesen wurde der Verwaltung des Herrn von Bonin, bisher Generaladjutanten des Königs von Preußen, übergeben, mit Nanzig als Residenz.

A. Generalgouvernement Elsaß.
a) Statistik.

Das General-Gouvernement Elsaß hat 273,89 deutsche Quadratmeilen und 1,638,246 Einwohner und zwar:

Departement Niederrhein 82,69 QM. 588,670 Einwohner.
» Oberrhein 74,60 » 530,285 »

das Elſaß zuſammen 157,29 QM. 1,118,955 Einwohner,
Kreis (Arrondiſſement)

Diebenhofen . . 19,65 QM. 90,591 Einwohner,
» Metz . . . . 28,67 » 165,179 »
» Saargemünd . . 27,61 » 131,876 »
» Salzburg . . . 20,18 » 60,626 »
» Saarburg . . 20,49 » 71,019 »

Moſeldepartement 116,60 QM. 519,291 Einwohner,
General-Gouvern. Elſaß 273,89 QM. 1,638,246 Einwohner.

Auf einer Quadratmeile finden wir durchſchnittlich Einwohner:

Im Departement Niederrhein . 7123,
» » Oberrhein . 7108,
» Elſaß durchſchnittlich . . 7116,
» Kreis Diebenhofen . . . 4610,
» » Metz 5761,
» » Saargemünd . . 4776,
» » Salzburg . . . 3004,
» » Saarburg . . . 3466,
» General-Gouvernement Elſaß 5982.

Das General-Gouvernement Elſaß iſt der 36ſte Theil von
dem Flächeninhalt Frankreichs, ſeine Bevölkerung iſt der 23ſte
Theil der Bevölkerung dieſes Staats.

Elſaß ernährt vermöge ſeines fruchtbaren Bodens und
ſeiner entwickelten Induſtrie faſt zweimal ſo viel Menſchen im
Verhältniß zu ſeinem Flächeninhalt wie im Durchſchnitt Frankreich und Deutſchland. Denn es leben im Elſaß auf einer
Quadratmeile 7116 Menſchen, in Frankreich 3864,
im Norddeutſchen Bund 3968
in Baden 5160
in der Pfalz . . . 5806
in China 6000

in der Rheinprovinz . 7055
im Königreich Sachsen 8915
in Belgien 9156
in Rheinhessen . . . 9395.

Das Generalgouvernement Elsaß besitzt 110 Orte mit mehr als 2000 Bewohnern, darunter 8 mit mehr als 10,000 Einwohnern, nämlich:

Straßburg . .	84,167	E.	Erstein	3899	E.
Mühlhausen .	58,773	»	Hayange . . .	3896	»
Metz	54,817	»	Eufisheim . . .	3847	»
Colmar . . .	23,669	»	St. Croix . . .	3810	»
Markirch . .	12,425	»	Buchsweiler .	3698	»
Gebweiler . .	12,218	»	Mutzig	3668	»
Hagenau . .	11,427	»	Bischheim . . .	3624	»
Schlettstadt . .	10,040	»	Maasmünster .	3570	»
Bischweiler . . .	9911	»	Pfalzburg . . .	3564	»
Belfort	8400	»	Wiolsheim . . .	3560	»
Thann	8154	»	Ruffach	3547	»
Diedenhofen .	7376	»	Beaucourt . . .	3545	»
Rappoltsweiler .	7146	»	Saar-Union . .	3498	»
Saargemünd . .	6802	»	Niederbronn . .	3391	»
Ars sur Moselle .	5860	»	Saaralbe . . .	3383	»
Forbach	5690	»	Dambach . . .	3322	»
Brumath . . .	5619	»	Styring-Wendel .	3310	»
Weißenburg . .	5570	»	Rixheim	3266	»
Zabern	5489	»	Mayeuvre-Grand .	3195	»
Orbey	5431	»	Altkirch . . .	3193	»
Barr	5307	»	Kaisersberg . .	3173	»
Ober-Ehnheim . .	5185	»	Dieuze	3104	»
Münster . . .	4762	»	Bergheim . . .	3089	»
Jltirch	4668	»	Suffelnheim . .	3038	»
Sulz	4635	»	Saarburg . . .	3030	»
Wasselonne . . .	4308	»	Scherweiler . . .	3009	»
Schiltigheim . .	4265	»	Epfig	3008	»
Cernay	4208	»	Türkheim . . .	2929	»
Winzenheim . .	4086	»	Saint Avold . .	2925	»
Chatenois . . .	4062	»	Giromagny . . .	2893	»
Dornach	3961	»	Reichshofen . . .	2885	»
Rosheim . . .	3948	»	Bolchen	2870	»

Ritschweiler	2830 E.	Geispolsheim	2288 E.
Benfeld	2757 »	Muttersholz	2240 »
Bitsch	2740 »	Hilsenheim	2235 »
Sulzmatt	2698 »	Ingweiler	2229 »
Matigny	2673 »	Cirey	2205 »
Dabo	2673 »	Nd. Morschweiler	2197 »
Hohfelden	2633 »	Hüttenheim	2190 »
Loberau	2612 »	Weyersheim	2181 »
Schnierlach	2592 »	Schleithal	2167 »
Weiler	2553 »	Herrlisheim	2151 »
Markolsheim	2517 »	Hegenheim	2132 »
Ingersheim	2498 »	Homburg	2127 »
Bie	2480 »	Gr. Bliedersdorf	2115 »
Blotzheim	2461 »	Habsheim	2073 »
Wanzenau	2459 »	Freland	2062 »
Marmünster	2458 »	Riedisheim	2062 »
Sierk	2390 »	La Baroche	2057 »
Brunstatt	2382 »	Egisheim	2048 »
Puttlingen	2363 »	Grandvillars	2026 »
Salzburg	2323 »	Gambsheim	2026 »
Buhl	2319 »	Le Puix	2013 »
St. Amarin	2314 »	Andlau	2007 »
St. Hippolyte	2291 »	Lauterburg	2005 »

b) Gebirge und Flüsse.

Elsaß erstreckt sich in einer Länge von 35 Meilen und durchschnittlich 6 bis 7 Meilen breit westlich von den ⸮⸮⸮sen, östlich vom Rhein begrenzt, von Weißenburg bis ⸮⸮fort. Der Rhein trennt es von Baden. Im Süden grenzt es an den Schweizer Canton Basel, im Norden an die bairische Pfalz, auch Rheinbaiern genannt.

Der westliche Theil des Landes längs des Rhein ist eben und sehr fruchtbar und wohlangebaut; die östliche Hälfte ist gebirgig durch die Vogesen und deren Ausläufer.

Die Vogesen (deutsch der Wasgau) beginnen bei Belfort und Altkirch, gegenüber der Nordseite des Jura, wo zwischen beiden Gebirgen der Doubs aus seiner Nordostrichtung in die

Südweſtrichtung übergeht, und erſtrecken ſich NNO. bis an das
Haardtgebirge in der bairiſchen Pfalz, das als die nördliche
Fortſetzung der Vogeſen betrachtet wird. Die Richtung des
Gebirges entſpricht der des Rheins von Baſel aus, und die
Weſtſeite des Rheinthales, ſo wie auf der Oſtſeite des Schwarz-
waldgebirges. Das Nordende der eigentlichen Vogeſen iſt an
der Südgrenze der bairiſchen Pfalz.

Eine bedeutende Fläche nimmt der Wald ein, welcher nicht
weniger als 1,200,000 preußiſche Morgen, den dritten Theil
des ganzen Landes bedeckt. Die Forſten des Elſaß gehören
zu den ſchönſten, ertragreichſten und geſchonteſten in ganz
Frankreich. Noch auf den höchſten Berggipfeln der Vogeſen
bildet die Buche dichte Wälder. Weiter unten folgen Fichten
und Tannen, dann Buchen und Nadelhölzer gemiſcht, endlich
am Fuße des Gebirges die verſchiedenſten Laubhölzer, Eichen,
Buchen und Ulmen durcheinander. Nimmt der Wald die ganze
Berggegend ein, ſo beſchränkt er ſich im Hügellande auf die
ſchroffen, ungünſtiger gelegenen Gelände und in der Ebene
auf die ganz armen Sandländereien.

Elſaß iſt reich bewäſſert und auch ſonſt mit Verkehrs-
mitteln aller Art, Kanälen, Eiſenbahnen und Chauſſeen reichlich verſehen.

Wir finden hier
den Rhein, welcher die Grenze zwiſchen Baden und Elſaß
bildet und zwiſchen Straßburg und Kehl durch eine feſte Eiſenbahnbrücke überwölbt iſt. Dieſe prachtvolle Brücke wurde zwar
in dem Kriege 1870 von den Badenern geſprengt, wird aber
nach geſchloſſenem Frieden leicht wieder herzuſtellen ſein.

Wir finden ferner:
.die ſchiffbare Ill. Sie entſpringt in dem Departement Oberrhein, Arrondiſſement Altkirch bei Winkel, fließt eben ſo wie
der Rhein, mit dem ſie faſt parallel geht, nach Norden in
das Departement Niederrhein, vorüber an Altkirch, Mühlhauſen, Enſisheim, Schlettſtadt, Benfelden, Erſtein, und er-

gießt ſich unterhalb Straßburg in den Rhein. Beträchtliche
Zuflüſſe derſelben ſind: Lauch, Fächt, Gieſem, Anblau. Außerdem münden die Kanäle Neu-Breiſach, Scheer, Bruche u. a.
in die Ill.

Der Rhone-Rheinkanal, welcher die Saone mittelſt
des Doubs und der Ill mit dem Rheine verbindet, 43 Meilen
lang iſt und 1833 vollendet wurde, liegt auf einer bedeutenden
Strecke im Elſaß.

Eiſenbahnen ſind gebaut:

1) von Mühlhauſen, Colmar, Schlettſtadt, Straßburg,
Hagenau nach Landau, welche das Elſaß ihrer ganzen Länge
nach durchzieht.

Ferner:

2) Mühlhauſen, Baſel, Luzern;
3) Mühlhauſen-Lyon;
4) Mühlhauſen-Nanzig;
5) Schlettſtadt, Lüneville, Nanzig;
6) Straßburg, Kehl, Freiburg in Baden mit Eiſenbahnbrücke bei Kehl;
7) Straßburg-Waſſelnheim (Zweigbahn);
8) Straßburg-Nanzig;
9) Straßburg-Saarbrücken.

Landwirthſchaft des Elſaß.

Das Terrain und das Klima weiſen den Bewohner auf
Viehzucht, Forſtwirthſchaft, Hackfrüchte-, Obſt- und Weinbau
hin. Der Weinbau nimmt 25- bis 26,000 Hektaren (à 705
□Ruthen = 3²³/₂₅ Morgen) ein; man findet die Weinberge
nirgends ſchöner, nirgends ſorgfältiger gepflegt, mit beſſeren Wegen
und mit größeren Erträgen. Man erntet vom Hektar 80 bis 100
Hektoliter (14 bis 18 Ohm vom Morgen), das heißt 1000 bis
1500 Franks Rohertrag, was 8 bis 9 Procent Reinertrag giebt.

2 *

Der Obſtbau iſt dagegen vernachläſſigt, wiewohl die Römer bereits mit dem Weinſtock die Kaſtanie, den Nußbaum, die Pfirſich, die Kirſche und faſt alle Obſtarten einführten. Die Kaſtanienwälder beſchatten nur einige hundert Hektaren und die Nußbäume bilden nur die Alleen der Straßen.

Anders verhält es ſich mit den Hackfrüchten, Futterpflanzen und Handelsgewächſen.

Die Kultur des Ackers und der Wieſen nimmt etwas mehr als die Hälfte der Oberfläche ein, und zwar im Niederrhein 57 Procent, im Oberrhein 55 Procent. Bemerkenswerth iſt die große Zahl von Pflanzen, welche im Elſaß cultivirt werden. Schon früh blühte dort der Ackerbau und zog die werthvollſten Pflanzen herbei, Weizen, Roggen, Gerſte, Hafer, Saubohnen, Linſen, Erbſen, Lupinen, Kohl, Hanf und Lein, Mohn, Raps, Artiſchocke und Senf.

Im Jahre 1540 wurde der Mais eingeführt und wenige Jahre ſpäter der Hopfen. Dagegen fand die Kartoffel nur langſamen Eingang.

Der Tabaksbau begann 1620, und ſchon am Ende des 17. Jahrhunderts lieferte das Elſaß 5 Millionen Pfund Tabak. Mit dem Jahre 1718 ſtieg die Production auf 5 Millionen Pfund, und in Straßburg allein zählte man 72 Tabaksfabriken mit 8000 Arbeitern.

Karl V. führte den Krapp ein, und der Erfolg war ſo bedeutend, daß im Jahre 1778 bereits 50 Millionen Pfund Krappwurzel gewonnen wurden.

Große Bedeutung hat der Anbau der Esparſette und der Luzerne.

Dank dieſen Einführungen, und insbeſondere den Vortheilen, welche den Landwirthen die glückliche Lage an den Ufern des Rheines bot, hat die Landwirthſchaft des Elſaß ſchon frühzeitig das Gepräge einer Induſtriewirthſchaft angenommen.

Hiermit ſtimmt überein, was ein als Einjährigfreiwilliger eingezogener junger Landwirth im Elſaß geſehen hat und in

der illustrirten landwirthschaftlichen Zeitung berichtet. Derselbe
sagt:

Der deutsche Landwirth sieht sich größtentheils getäuscht,
wenn er im schönen Elsaß und Lothringen große Weizenfelder
oder überhaupt den Getreidebau in seiner Blüthe zu sehen
erwartet. Die vielen Höhenzüge und Berge verschließen diesem
Kulturzweige das Terrain. Daraus aber auf Armuth der
beiden Provinzen zu schließen, wäre falsch, denn was ihnen
auf dieser Seite mangelt, das gewährt ihnen Mutter Natur
auf der anderen Seite doppelt. Hier ist der Weinbau zu
Hause, und ich hätte es nie für möglich gehalten, daß auf den
steilsten Bergen oft die prächtigsten Reben gedeihen. Man
versicherte mich, daß das Gestein viel zur schnellen Reife bei-
trage, und es sind besonders die Mittagslehnen, welche die
ergiebigsten Ernten liefern.

Ferner ist die Viehzucht, wie in ganz Frankreich, so auch
im Elsaß und Lothringen im Flor, eine Folge der vielen guten
Wiesen und der prächtigen Luzernefelder.

Was die Kommunikation betrifft, so hat die französische
Regierung dafür unendlich viel gethan, und oft genug findet
man vier Verkehrswege neben einander: die Eisenbahn, die
Chaussee, den Telegraph und den Kanal. Jeder Weg von der
kaiserlichen Straße bis zum gemeinen Vicinalwege ist chaussirt
und Preußen wird in dieser Beziehung viel von den Franzosen
lernen müssen.

Die Ortschaften gewähren ein sehr freundliches Ansehen,
schon dadurch, daß die Strohdächer ganz fehlen. Die Gebäude
sind größtentheils von Kalkstein im Rohbau ausgeführt und
städtisch neben einander gereiht. Gehöfte giebt es hier nicht,
sondern jeder Bauer hat seinen Pflug, seine Egge u. dgl. in
der besten Ordnung auf der Flur vor seinen Fenstern aufge-
stellt. Selbst der Misthaufen ist hier mit der größten Ordnung und selbst mit Geschmack quadratisch aufgetragen. Oft
wird dieser Haufen sechs bis sieben Fuß hoch und eignet sich

ganz gut zum Verſteck für Gewehre, deren wir genug heraus-
gezogen haben.

Induſtrie und Gewerbe.

Die Induſtrie des Elſaß iſt eine der erſten in Europa.
Sie beſchäftigt 2,100,000 Spindeln, repräſentirt alſo ein
Drittheil der franzöſiſchen Baumwollenfabrikation, des wich-
tigſten Induſtriezweiges in Frankreich. Es beſitzt ferner
50,000 Kraftwebeſtühle und beſchäftigt 55,000 Baumwollen-
arbeiter, nämlich 20,000 Spinner und 35,000 Weber, welche
30,000,000 Franken jährlichen Lohn erhalten. Die Production
franzöſiſcher Kattune beträgt allein 90,000,000 Franken jährlich.

Im Ganzen zählte die elſäſſiſche Induſtrie bereits im
Jahre 1864 mehr als 41,300 gewerbliche Etabliſſements aller
Art mit 47,157 Arbeitgebern und 127,000 Arbeitern. Die
Großinduſtrie beſchäftigte 758 Dampfmaſchinen mit 14,172
Pferdekräften.

Der Bergbau liefert, vorzüglich in den Vogeſen, Eiſen,
Steinkohlen, Kupfer und ſilberhaltiges Blei. Eiſenhüttenwerke
ſtanden 45 im Betriebe, welche Erzeugniſſe im Werthe von
5 Millionen Franken lieferten.

In Lothringen dagegen iſt die Weißwaarenſtickerei, mit
ihrem Hauptſitze Nanzig, von großer Bedeutung. Ihre Erzeugniſſe, bei welchen ſich Geſchmack und künſtleriſche Ausführung vereinigt, gehen in alle civiliſirten Länder der Erde.

Wird Elſaß wieder mit Deutſchland vereinigt, ſo wird
unter beiden Induſtrieherden ein lebhafter Wetteifer entſtehen.
Die Elſäßer ſind dabei im Vortheil durch die Feinheit der
Geſpinnſte und Gewebe, durch ihre Fortſchritte in der Färberei
und Druckerei, durch die beſſere Ausrüſtung und Aufmachung
derſelben.

Die Deutſchen ſind im Vortheil durch die Solidität und
Billigkeit ihrer Baumwollenfabrikate, durch die hier ſtattfindenden

billigern Arbeitslöhne, durch die bedeutend geringeren Steuern und dadurch, daß hier der Lebensunterhalt überhaupt merklich weniger kostet, als im Elsaß.

Unter den Hauptsitzen der Industrie ist besonders Mühlhausen hervorzuheben. Die dortigen Baumwollen-Spinnereien und Webereien liefern jährlich Fabrikate im Werthe von mehr als 100 Millionen Franken. Auch Straßburg ist ein sehr bedeutender Fabrikort.

Auch der Handel des Elsaß ist nicht unwichtig, und wird, abgesehen von dem Rhein, durch seine vielen Eisenbahnen, sowie durch Kanäle und gute Kunststraßen wesentlich befördert.

Den Mittelpunkt des Verkehrs bildet Straßburg, welches einen starken Handel in Getreide, Bier, Wein, Oel, Hanf, Tabak, Hopfen, Bauholz, Tuchen, Wachstuch, Baumwollenwaaren, Fayence, Glas, Leder u. s. w. besitzt. — Auch Colmar handelt mit Getreide, Eisen, Holz und Kolonialwaaren, sowie mit französischen und Rheinweinen.

Durch die Aufnahme des Elsaß in den deutschen Zollverein können beide Theile nur gewinnen. Elsaß ist einer der vorzüglichsten Industrieherde von ganz Europa, und besonders in der Baumwollenfabrikation von großem Gewicht. Es besitzt 2,131,744 Spindeln, 48,536 Webstühle, 160 Druckmaschinen, während sich im ganzen Zollverein nur 300,000 Spindeln, 37,000 Webstühle und ebenfalls nur 100 Druckmaschinen vorfinden.

Deutschland bezieht daher den größten Theil seines Bedarfs an Baumwollenwaaren aus England, aus Belgien und aus der Schweiz. Künftig, wenn Elsaß und Lothringen dem Zollverein angehören, wird es seinen massenhaften Bedarf aus dieser Provinz beziehen.

Deutsches Volksthum im Elsaß.

Bis zu dem unseligen westphälischen Frieden 1648 war das Elsaß ein Theil des deutschen Reiches und gehörte zu dessen schwäbischem Kreise.

Außer Straßburg gab es noch zehn andere freie Reichsstädte: Hagenau, Colmar, Schlettstadt, Kron-Weißenburg,
Landau, Oberehenheim, Kaisersberg, Münster im Gregorien-
thal, Roßheim, Türkheim. Diese 10 freien Städte standen
unter kaiserlicher Landvogtei, die zu Hagenau ihren Sitz hatte,
aber die Reichsfreiheit der Städte nicht beschränkte. Damit
war der Besitz von 42 Dörfern verbunden, die im Nieder-
Elsaß zerstreut lagen.

Zur geistigen Bildung des deutschen Volkes hat das Elsaß
seinen Antheil treu und reichlich beigetragen. Wir nennen:
Ottfrieds, eines Benediktinermönchs zu Weißenburg, Evan-
gelien-Harmonie um 865. Sie ist Ludwig dem Deutschen gewidmet, das erste literarische Erzeugniß, welchem das Bestehen
eines staatlich selbständigen deutschen Reiches aufgedrückt ist.

Wir nennen ferner:

Gottfried von Straßburg, 1210, dessen Tristan und
Isolde ihm unvergänglichen Ruhm geschaffen. Gottfried ist der
innigste Dichter des Mittelalters. Zugleich besaß er eine Leichtigkeit der Sprachbehandlung, wie sie bis dahin im Deutschen
nicht erhört war. So war denn sein Einfluß ein gewaltiger.

Johann Tauler, geb. zu Straßburg 1294, gest. daselbst
1361, ein Dominikaner, wirkte für jene Glaubenserneuerung,
die schon damals in den Gemüthern sich vorbereitete, und andert-
halb Jahrhunderte später unter dem Namen der Reformation
ans Licht trat.

Die berühmte Königshofener Chronik, 1346 bis
1420, ist eine der ältesten und die vorzüglichste der deutschen
Chroniken.

Sebastian Brant, geb. zu Straßburg 1458, gest.
daselbst als Stadtschreiber, verfaßte in elsässischer Mundart
eines der besten und berühmtesten deutschen Bücher, das Narren-
schiff, welches in unzähligen Auflagen verbreitet und auch in
fremde Sprachen übersetzt wurde.

Außer ihnen sind berühmt geworden:

Johann Geiler von Kaisersberg, geb. 1445, gest. 1510.
Thomas Murner, 1475 zu Straßburg geboren, wurde
von Max I. zum Dichter gekrönt.
Joh. Pauli, bekannt durch sein Schimpf und Ernst, 1535,
ein humoristisches Volksbuch.
Georg Wickram aus Colmar, 1557.
Johann Fischart, 1557.
Johann Michael Moschorosch (1601 bis 1669).

Viele unserer schönsten Kirchenlieder sind im Elsaß, namentlich in Straßburg gedichtet, so:

Vogtherr, Drucker in Straßburg, die Lieder:
    Aus tiefer Noth schrei ich zu dir ꝛc.
    Lob sei dir, Jesu Christe ꝛc.

Pollio, Pfarrer am Stephan:
    Mein' Seel' erhebt den Herren mein ꝛc.
    Vater unser, wir bitten dich ꝛc.

Oeler, Bürger in Straßburg:
    Herr, wie sind mein'r Feind' so viel ꝛc.
    Warum tobt der Heiden Hauf ꝛc.

Dachstein, Organist zu St. Thomas:
    An Wasserflüssen Babylon ꝛc.

Greiter:
    O Herre Gott, begnade mich ꝛc.

Angelicus:
    Gebenedeit sei Gott der Herr ꝛc.
    In Frieden dein, o Herre mein ꝛc.

Pappus, des berühmten Bucers Gehilfe:
    Ich hab' mein' Sach' Gott heimgestellt ꝛc.

Es scheint in der Luft des Elsaß ein besonderer Zauber
zu walten, der zu den herrlichsten Dichtungen anregt, denn bis
in die Neuzeit hinein finden wir hochbegabte Sänger, so daß
wir uns nicht versagen können, umstehende, den Elsässer

Neujahrsblättern entnommenen Gedichte mitzutheilen*), aus
denen hervorgeht, daß nicht nur das Volk, ſondern auch die

*) Friedrich Otto ſingt:

Willſt du, mein Freund, vom Lebensernſt geneſen,
So laß dich nicht die muntre Fahrt verdrießen,
Erklett're friſch die morgenrothen Rieſen
Der lenzumblühten heimiſchen Vogeſen.

Das iſt der Pindus, den wir auserleſen,
Hier laß uns dichten, jubeln und genießen,
Im Runenbuch der kräft'gen Urwelt leſen.

Hier iſt gut ſingen! Lauſchend ſtehn die Haine
Und ſtehn die Alpen, die zum Himmel ragen,
Umblüht vom goldnen Morgenſonnenſcheine.

Friſch auf! Friſch auf! Den Grundton angeſchlagen.
Wer ſchwiege hier, wo ſelbſt die todten Steine
Erdröhnend unſ're Lieder weiter tragen!

Von Theodor Klein ſind folgende Gedichte:

Wanderers Scheiden.

Ein Wanderburſche ziehet
Bergauf mit feuchtem Blick,
Zurückgelaſſen brunten
Hat er ſein Heimathsglück.

Und wie er ſich auch faſſe,
Es wandert auf gut Glück
Der Leib bergan wohl immer,
Der Geiſt thalwärts zurück.

Kunde aus der Heimath.

In des Mantels weiten Falten,
Eingehüllet wie gemüthlich,
Schreit' ich durch die naſſen, kalten
Straßen heute, ſelig, friedlich.

Süße, liebe Heimathsworte,
Aus der Ferne hergekommen,
Haſt du hier am fremden Orte,
Sehnſuchtskrankes Herz, vernommen.

begabtesten Geister des Elsaß nach Herz und Sprache noch
immer Deutsche sind.

O es fiel die stumme Wonne
In das öde Wintergrauen
Wie ein Strahl der Heimathsonne,
Daß mein Herz begann zu thauen.

Traumflucht.

Ich träumte von der Heimath eben,
Vom Rhein und seinem grünen Thal,
Und schlürfte heim'sches Blut der Reben
Aus Elsa's glühendem Pokal.

Da glitt ein Strahl der Morgensonne
In meines Zimmers stillen Raum,
Und ich erwacht! Ade du Wonne,
Ade du lieber Himmelstraum!

Wie sehr die Elsässer unter der französischen Herrschaft ihre Mutter-
sprache hoch hielten, zeigt folgendes in alemannischer Mundart ge-
schriebene Gedicht von Daniel Hirtz, Drechslermeister in Straßburg,
aus dem Jahre 1837.

M'r g'höre hyt ze Frankreich wohl
Un theile Noth und Glück,
Doch klingt uns d'Muedersprach nit hohl,
Sie gilt noch großi Stück.

M'r drucke gern und herzli d'Hand
Un mit allein zuem Schyn
Durch Sprooch un Sitte noob verwandt
De Brüeder üew'rm Rhyn.

Un dytschen Sinn un Biederkeit
Die finde — n — Anklang hie
Dann gueter Grund isch noch geleit,
Verwischt halt ganz sich nie.

Uß uns'rm Herze steit's Gebet
Noch dytsch zum Himmel nuff,
M'r halte dran als wie 'n Klett
Und böve Hyser druff.

»Aus dem Herzen des Elſäſſers ſteigt das Gebet in deutſcher Sprache zum Himmel empor.« Es wird daher der Elſäſſer leicht und bald als Deutſcher ſich fühlen. Man kann
zwar nicht ſagen, daß die Elſäſſer die Deutſchen mit offenen
Armen aufgenommeu hätten, ſie haben ſich vielmehr wider-
ſpenſtiger und verbiſſener gezeigt, als die Lothringer. Sie
mochten wohl verhetzt ſein durch ihre franzöſiſchen Geiſtlichen,
und die franzöſiſchen Lügenblätter ſchilderten die »Preußen« als
wahre Menſchenfreſſer.

Aber ſchon jetzt fühlen ſie die Wohlthaten einer väterlich
für ſie ſorgenden Regierung; und die in großer Menge als
Gefangene in Deutſchland lebenden Elſäſſer erklärten einſtimmig,
daß ſie ſich Glück dazu wünſchten, mit ihrem alten Vaterlande
wieder vereinigt zu werden.

Das Departement Niederrhein

umfaßt 82,69 QM. mit 588,970 Einwohnern. Es iſt daher
größer als das Herzogthum Anhalt (67 QM.) und hat mehr
Einwohner als Mecklenburg-Schwerin (552,617 E.). Es iſt
blos im Weſten bergig, durch die Vogeſen, ſonſt eben und
fruchtbar, mit Bergbau auf Eiſen und Kohlen, bedeutender
Viehzucht, vieler Induſtrie und lebhaftem Handel mit Wein,
Hopfen, Getreide und Induſtrieerzeugniſſen, Schifffahrt auf dem
Rhein und dem Elſaſſer Kanal. Eiſenbahn nach Paris, Weißen-
burg und Baſel. Es giebt in dem Departement 13 lutheriſche
Pfarreien, 31 lutheriſche Conſiſtorialkirchen und 2 reformirte
Kirchen.

Nach Joanne's Dictionaire géographique de la France
(geographiſches Wörterbuch von Frankreich) hat das Departement einen Flächeninhalt von 455,345 Hektaren, darunter

---

So lang noch unſer Münſter ſteht,
— Und biß iſch kernsg'ſund —
Au b'Mueberſprach nit untergeht,
Denn viel gäng bnoch zu Grund.

189,787 Hektar Acker, 48,983 Hektar Wiesen, 13,983 Hektar
Weinberge und 109,575 Hektar Wald. Die Erträgnisse aus
dem nicht mit Häusern bebauten Lande sind auf 31,893,516
Franks, die aus den Gebäuden auf 10,191,205 Franks jährlich geschätzt. Die Zahl der Grundeigenthümer betrug im J.
1851 151,556 bei durchschnittlich 3032 Franks Verkaufswerth
für ein Gebäude, 2320 Franks für das Hektar Land. *)

An Kommunikationswegen waren i. J. 1867 4918 Kilometer vorhanden, darunter 9 Eisenbahnen von 242 Kilometer
Länge. **)

Von den 588,970 Einwohnern waren 376,328 katholischer
und 181,213 protestantischer Confession. Die Protestanten,
welche in ganz Frankreich nur 2,15 Procent der Bevölkerung
bilden, erreichen daher im Departement Niederrhein 31,37 Proc.
Auch die Juden sind in diesem Departement verhältnißmäßig
zahlreich, nämlich 3,63 Procent gegen 0,21 Procent in ganz
Frankreich.

Der Boden ist in den Rhein-Ebenen überaus fruchtbar.

Die Eiseninduſtrie iſt nicht unbedeutend, auch übrigens sehr
lebhaft. Mühlen aller Art, Papierfabriken, Spinnereien, Webereien, Färbereien, Tuchfabriken, chemische Fabriken, Glasfabriken,
Seifenfabriken, Gänseleberpaſtetenfabrikation in Straßburg,
große Geſchützgießerei, Maschinenfabriken ebendaſelbſt, ſo wie
auch in Graffenſtädten; Waffenfabrik zu Wutzig.

Im Jahre 1864 waren in 209 induſtriellen Etabliſſements
221 Dampfmaſchinen mit 2397 Pferdekräften im Betrieb. Im
Ganzen waren 24,722 Etabliſſements mit 28,242 Arbeitgebern
und 66,600 Arbeitern vorhanden. Unter dieſen Etabliſſements
waren 3097 Webereien.

Das Departement theilt ſich in 4 Arrondiſſements:

---

*) 1 Hektar iſt nahezu gleich 4 Morgen. Der durchſchnittliche
Werth eines Morgen beträgt daher 580 Franken oder 154²/₃ Thlr.

**) Eine Preuß. Meile iſt genau gleich 7,5325 Kilometer, 242 Kilo-
meter ſind nahezu gleich 30 Meilen.

1) **Straßburg** mit 12 Kantons, 161 Gemeinden
und 258,763 E.

2) **Zabern** (Saverne) mit 7 Kantons, 164 Gemeinden
und 105,270 E.

3) **Schlettſtadt** mit 8 Kantons, 113 Gemeinden,
140,086 E.

4) **Weißenburg** mit 6 Kantons, 103 Gemeinden
und 84,851 E.

Die Geſammtzahl der Gemeinden beträgt 541, darunter
202 unter 500 Einwohnern, 196 von 500 bis 1000 Einwohnern, 101 von 1000 bis 2000 Einwohnern, 33 von
2000 bis 5000 Einwohnern, 6 von 5000 bis 10,000 Einwohnern, 3 über 10,000 Einwohnern, nämlich Straßburg,
Hagenau und Schlettſtadt.*)

Im Arrondiſſement Straßburg liegt:

Straßburg, mit 84,000 E., bis 1681 deutſche freie Reichsſtadt,
die Hauptſtadt des Elſaß, liegt an der Ill, ½ Meile vom Rhein,
Kehl gegenüber, mit dem es durch eine prachtvolle Eiſenbahnbrücke
verbunden iſt, eine der ſtärkſten Feſtungen, bis 1870 der dritte Waffenplatz Frankreichs. Mit dem Rhein iſt es durch einen Kanal verbunden. In fortiſicatoriſcher und artilleriſtiſcher Hinſicht iſt Straßburg
einer der feſteſten Plätze. Die von Spele erbaute und von Vauban
bedeutend verſtärkte Feſtung war gut erhalten. Rhein und Ill waren
mit anderen Waſſerzügen zur Inundation trefflich benutzt, eine reiche
Ausrüſtung artilleriſtiſcher Vertheidigungsmittel war vorhanden. Die
Prinzipien der neueren Befeſtigungskunſt waren aber bei Straßburg
nicht zur Anwendung gekommen, namentlich fehlten die betaſchirten

---

*) Die neuen Unterpräfecten für die 4 Arrondiſſements haben
ihre Aemter bereits angetreten und es ſind dazu ernannt:
  1) für das Arrondiſſement **Straßburg**: der bisherige badiſche
     Oberamtmann **Otto Flad** von Corl.
  2) für das Arrondiſſement **Weißenburg**: der bairiſche Bezirks-
     amtsaſſeſſor **Karl Voltheimer**.
  3) für das Arrondiſſement **Zabern**: der bairiſche Bezirksamts-
     aſſeſſor **Ludwig von Habrmann**.
  4) für das Arrondiſſement **Schlettſtadt**: der badiſche Amt-
     mann **Emil Bacher**.

Forts, so daß beim Kampfe gegen die nahen um die Stadt gezogenen Wälle die Einwohner nothwendig mit leiden mußten.

Am 27. September 1870 fiel Straßburg durch Capitulation in die Hände der Deutschen wieder zurück, nebst 17,000 Gefangener, worunter 451 Offiziere, 1070 Kanonen und 10 Millionen Franks, welche in der Bank vorgefunden wurden und großentheils Staats-eigenthum waren.

Die Belagerung, unter welcher die Einwohner schrecklich litten, hatte im Ganzen 48 Tage gedauert, vom 11. August bis zum 27. September. 158,656 Kanonenkugeln und Bomben von 6 Pfund bis 50 Pfund waren in die Festung geschleudert, 630,734 Pfund Pulver waren verbraucht worden.

Straßburg war der Sitz des Consistorium für die gesammte Kirche Augsburgischer Confession in Frankreich, einer Akademie und vieler wissenschaftlichen Anstalten.

Die größte Merkwürdigkeit von Straßburg ist das weltberühmte von Erwin von Steinbach erbaute Münster, nebst dem Dom zu Köln das herrlichste Werk der deutschen Baukunst. Es ist 335 Fuß lang und 132 Fuß breit, während die Höhe des Thurmes 420 Fuß beträgt. Der schönste Theil des Münsters ist die unbeschreiblich schöne Vorder-seite; drei perspectivisch angelegte Thore, mit reichem Steinschmuck verziert, führen in das Innere; über dem mittleren Thore ist die bei gothischen Bauten gewöhnliche Fensterrose mit buntem Glase ausgelegt. Die Hauptzierde jedoch ist und bleibt der nördliche Thurm, der ganz aus durchbrochener Arbeit besteht, so daß das Licht von oben bis unten durchscheint, er besteht also nicht, wie andere Thürme aus Mauern, sondern ist wie aus Spitzengrund zusammengesetzt.

Schön und schlank ragen die gewaltigen Säulen empor, welche das Innere in drei Schiffe theilen, auch der Hochaltar im erhöhten Presbyterium, unter dem sich das heilige Grab befindet, macht einen guten Eindruck.

Das merkwürdigste Kunstwerk im Innern ist die berühmte Uhr, welche Isaak Habrecht aus Schaffhausen nach den Zeichnungen des gelehrten Dasypodius von 1270 bis 1274 verfertigte, und die, nachdem sie lange Zeit stillgestanden, von dem geschickten Mechaniker Schwilgen wiederhergestellt wurde.

Diese Uhr ist zusammengesetzter als alle andern Werke ihrer Art und steht rechts am Hochaltar, eine Menge Figuren bewegen sich, und schlagen sowohl die Viertel als die ganzen Stunden auf kleinen Glocken an, zugleich wird der verschiedene Stand der Planeten, der Sonne und des Mondes, die Jahreszeiten und eine Menge anderer astro-nomischer Verhältnisse veranschaulicht.

Uebrigens ſoll Straßburg derartig befeſtigt werden, daß es eine der ſtärkſten Feſtungen der Welt wird. Nach dem Rhein hin wird die Stadt offen gelegt oder vielmehr erweitert. Straßburg liegt nämlich 2 Kilometer (²/₇ Meilen) vom Rhein. Das ganze dazwiſchen liegende Territorium wird nun demſelben einverleibt, indem die Feſtungswerke von beiden Seiten der Stadt in faſt gerader Linie zum Rhein fortgeführt und Kehl in das Feſtungsſyſtem mit hineingezogen wird. Straßburg kann ſich dann bis auf 400,000 Einwohner vermehren, und behält doch noch ſeinen prächtigen Park innerhalb der Mauern. Der Strom wird ihm in jeder Weiſe dienſtbar, größere Hafenanlagen und eine regelmäßige Dampfſchiffverbindung werden den Handel fördern. Die Einengung und Vertiefung des Strombettes wird der Schifffahrt allen möglichen Vorſchub leiſten. Auf der Landſeite wird dagegen Straßburg mit großen, weit vorgeſchobenen Außenwerken umgeben, die alle Gefahr eines Bombardements beſeitigen. Kurz StraßburgKehl ſoll und wird das große Emporium, der Stapelplatz des Oberrheins werden, wie es Köln-Deutz bereits für den Unterrhein geworden.

Im Arrondiſſement Straßburg finden wir ferner:

Mundolsheim, Hauptquartier der Straßburg belagernden Deutſchen (Badener Diviſion), im Aug. und Sept. 1870.

Schiltigheim, 2990 E., Dorf nahe bei Straßburg. Wachsfabriken.

Lampertsheim, Dorf. Gefecht am 16. Auguſt 1870.

Molsheim, 3600 E., Stadt an der Breuſch, hat bedeutende Eiſen- und Stahlfabriken.

Mutzig, 3679 E., nahe bei Molsheim, mit einer k. Gewehrfabrik.

Hagenau, franzöſiſch: Haguenau, 11,427 E., Feſtung an der Moder, 4 Meilen nördlich von Straßburg, war früher freie deutſche Reichsſtadt. Baumwollenſpinnereien, Krappbau. Hagenau beſitzt noch großentheils ſeinen alten frei-reichsſtädtiſchen Reichthum. Es hat ein jährliches Einkommen von 200,000 Franken und 150,000 Hektaren prachtvollen Waldes. Im Mittelalter war Hagenau eine der berühmteſten Städte Deutſchlands, zwei Jahrhunderte lang ein Lieblingsſitz der hohenſtaufiſchen Kaiſer, die Reſidenz des kaiſerlichen Landvoigts (vom untern Elſaß), deſſen Gerichtshof bis in den Anfang der Franzoſenherrſchaft fortgetagt hat. Hagenau war die Hauptſtadt der »alſatiſchen Dekapolis«, des Bundes der zehn vereinigten Reichsſtädte im Elſaß, der auf Kaiſer Karls IV. Betrieb 1354 geſtiftet ward und auf die kaiſerliche Landvoigtei ſich ſtützte; ihr Vertreter ſaß auf den Reichstagen unmittelbar hinter dem der Reichswahlſtadt Frankfurt, auf den Landtagen des Elſaß gleich hinter dem Straßburgs, wie denn überhaupt die Stadt an Rang und Reichthum die zweite der ganzen Provinz war.

Wefthofen, 2500 E.

Bifchweiler, 10,000 E., an der Moder, mit vielen Tuchfabriken, Wollfpinnereien, Krapp- und Hopfenbau.

Fort Louis auf einer Rheininfel, unter Louis XIV. gebaute Citadelle.

Arrondiffement Zabern:

Zabern, Elfaß-Zabern, franzöfifch Saverne, 5600 E., ift die Hauptftadt des Arrondiffement, am Oftfuß eines hohen und fteilen Berges der Vogefen, an der Zorn, ift der Sitz des Unterpräfecten und eines Tribunals, hat guten Weißwein, Früchte, Fabriken für Weineffig, Mützen, Beinkleider, Schuhe, Stricke, Kaffeemühlen; Gerbereien, Holzhandel. Von hier führt ein fchneckenförmig angelegter Weg, die Zaberner Stiege genannt, mit 17 verdeckten, gemauerten Brücken über die Vogefen nach Lothringen. Auch die Eifenbahn, welche von hier nach dem Weften führt, hat bedeutende Brücken, Dämme, Tunnel und Viadukte.

Mauermünfter, franzöfifch Marmoutier, 2640 E., 1 Stunde von Zabern, am Fuße der Vogefen am Hufelbach, mit einer ehemaligen Benedictiner-Abtei, einer alten gothifchen Kirche aus dem 9. Jahrhundert, Töpferei, Brauerei, Leinwandbleichen, Viehhandel; in der Nähe Kohlengruben.

Lichtenberg, Bergvefte, im NNO. von Zabern.

Buchsweiler oder Bosviller, franzöfifch Bauxviller, 3756 E. Stadt an der Moder; proteftantifche Kirche, Fabrikation von Alaun, Vitriol, Preußifchblau, Ammoniak, Englifchroth, Beinfchwarz, Leim, Calico, Metallknöpfen; Gerbereien, Leinwandbleichen, Krapp.

Saar-Union, 3760 E., an der Sarre, befteht aus den beiden Städten Saar-Werden und Saar-Bockenheim oder Bouquenom; proteftantifche Confiftorialkirche; Fabrikation von brafilianifchen Baft- und italienifchen Strohhüten, Strohgeflechten, Broderie, Oel, Ziegeln, Nägeln u. f. w.; Färbereien.

Das Arrondiffement Schlettftadt umfaßt folgende Ortfchaften:

Schlettftadt, 11,000 E., Feftung, und früher Hauptftadt des Departements Niederrhein, liegt am linken Ufer der hier bereits fchiffbaren Ill und an dem kleinen Zufluffe Gießen, ringsum von Wiefen, Waldungen und Anhöhen umgeben, 5 Meilen fübweftlich von Straß-

burg, 4 Meilen vom Rhein. Hat Bierbrauereien, Strumpfwaaren-
fabriken, Zeughaus und Weinhandel. Die Feſtung beherrſcht die nur wenig weſtlich von ihr vorüber-
führende Eiſenbahn, welche über Beſançon und Belfort Lyon mit
Straßburg verbindet. Die Feſtung capitulirte am 24. October 1870.
Im Mittelalter beſaß Schlettſtadt eine Hochſchule, die auch in
Deutſchland Ruf hatte und auf die geiſtige Entwickelung des Elſaß
großen Einfluß ausübte. Der Geſchichtsforſcher Jacob Wimpfeling,
der Staatsmann Jacob Spiegel, welcher mehreren Kaiſern als Secre-
tär diente, der Reformator Martin Bucer und der Literator Beatus
Rhenanus haben in Schlettſtadt gelebt. Im dreizehnten Jahrhundert
iſt hier - die Kunſt erfunden worden, dem Töpfergeſchirr eine Glaſur
zu geben.

Dambach, Stadt an der Scherr, 3322 E.

Bennfelden, 2757 E., an der Eiſenbahn von Straßburg nach
Schlettſtadt.

Rosheim, 4000 E., ehemals deutſche freie Reichsſtadt, an der
Moſel; Baumwollenweberei, Bleichen, Färbereien, Fabriken für Baum-
woll- und Wollmützen, Eiſen- und Ankerſchmieden, ſaliniſche Mineral-
bäder.

Ehnheim, franzöſiſch Obernay, am Ottilienberge, 5200 E.,
ehemals freie deutſche Reichsſtadt, mit vielen Wollen- und Baumwollen-
fabriken; Kleiderſtoffe aller Art.

Barr, 5300 E., ſüdweſtlich 4 Meilen von Straßburg am Fuße
der Vogeſen; Baumwollen- und Wollenfabriken.

Arrondiſſement Weißenburg.

Weißenburg, 5600 E., auch Kron-Weißenburg oder Weißenburg
im Wasgau genannt, wo am 4. Auguſt 1870 die Deutſchen ihren
erſten großen Sieg über die Franzoſen erfochten, iſt eine Feſtung
dritten Ranges am Fuße des Haardtgebirges, eine Stunde von der
bairiſchen- oder Rheinpfalz. Seit 1247 eine deutſche freie Reichsſtadt,
war ſie ſeit 200 Jahren im Beſitz der Franzoſen. Die von Landau
in der Rheinpfalz kommende Eiſenbahn führt von Weißenburg über
Hagenau nach Straßburg. Die Stadt iſt von einem Wallgraben und
einer Ringmauer mit Thürmen und Zugbrücken umgeben und gegen
Oſten durch das Fort St. Remy gedeckt. An die Umwallung ſchließen
ſich bis Lauterburg die bekannten Weißenburger Linien.

Ringsum erheben ſich rebenbepflanzte Hügel, am höchſten der
ſanft anſteigende Geisberg, mit der Scharfenburg, einem Gehöft,
welches für ſich allein eine kleine Feſtung bildet. — Dieſer Geisberg

warb am 4. August von den deutschen Truppen mit großer Tapferkeit erstürmt.

Die Stadt hat eine protestantische Kirche, College, Unterpräfectur, Civil-Tribunal, Douane, Wachsbleichen, Töpferei, Gerberei, Färberei, Holz und Metalldrechslerei, Fabriken für Hüte, Handschuhe, Seife, Oel, Ziegeln, Weinessig; Weinbau; Steinbrüche.

Nahe bei der Stadt liegen die durch die Schlacht berühmt gewordenen Dörfer: Ober-Otterbach, Rechtenbach, Schweigen, Schweighofen, Altenstadt, Rott, Oberhofen, Steinselz.

Lauterburg, Festung, nicht weit von der Mündung der Lauter in den Rhein, hat 2000 E. Hier enden die bekannten Weißenburger Linien, ein Wall nebst Graben, welcher sich längs der Lauter bis hinauf nach dem 3 Meilen entfernten Weißenburg erstreckt, in der Schlacht am 4. August aber keine Rolle gespielt hat. — Die Einwohner betreiben Potaschsiederei, Leinwandbleichen, Seilerei, Eisen- und Kupferwerke, Ziegelbrennerei.

Niederbronn, 3400 E., Marktflecken, Bad und Eisenwerke.

Wörth, Städtchen von 2000 E., calvinistische Consistorialkirche, Gerbereien, Töpferthongruben. Schlacht am 6. August 1870.

Reichshofen, hat 3000 E., Gypsmühlen, Papier-, Glas- und Oelfabriken, auch Krappbau.

Das Departement Oberrhein

liegt zwischen Niederelsaß, Baden, der Schweiz, den Departements Doubs, Obersaone und Vogesen, und besteht aus einer Ebene, längs des Rheins, und einem von den Vogesen gebildeten Gebirgslande, mit dem 4400 Fuß hohen Belch oder Ballon von Sulz oder Gebweiler und dem 4308 Fuß hohen Bärenkopf.

Das Departement Oberrhein hat einen Flächeninhalt von 410,771 Hektar (75 □M.), etwa 153,766 Hektar Ackerland, 59,360 Hektar Wiesen, 11,252 Hektar Weiden, 108,457 Hektar Wald. Die Gebäude sind auf 8,617,330, das unbebaute Land auf 24,253,098 Fr. jährlichen Ertrags geschätzt. An Kommunikationswegen sind 3939 Kilometer, darunter (1867) 191 Kilometer Eisenbahnen vorhanden. Die Bevölkerung beträgt (1866) 530,285 Einwohner, darunter 458,487 Katholiken und nur 53,474 oder 9,96 Procent Proteſtanten. Der Boden iſt im Allgemeinen fruchtbar und namentlich durch ſeine Wieſen werthvoll. Von Mineralien werden nur Steine und wenig Kohlen gewonnen, Gruben auf Erze ſind nicht im Betrieb. An Eiſenwerken ſind (1864) 26 vorhanden. Die Hauptinduſtrie bildet die Spinnerei und Weberei, die in Mühlhauſen ihren Mittelpunkt hat. Im Departement waren im Jahre 1864 in 379 induſtriellen Etabliſſements 537 Dampfmaſchinen von 12,775 Pferdekraft in Betrieb. Die Zahl der gewerblichen Etabliſſements belief ſich auf 16,575 mit 18,733 Arbeitgebern und 90,344 Arbeitern.

Das Departement Haut-Rhin umfaßt die Arrondiſſements:

1) Colmar, mit 13 Kantons, 140 Gemeinden und 217,693 E.

2) Mühlhauſen, mit 8 Kantons, 159 Gemeinden und 179,347 E.

3) Belfort, mit 9 Kantons, 191 Gem. und 133,245 E.

Geſammtzahl der Gemeinden 490, davon 214 unter 500 E., 152 von 500 bis 1000 E., 80 von 1000 bis 2000 E., 36 von 2000 bis 5000 E., 4 von 5000 bis 10,000 E., 4 über 10,000 E., nämlich Mühlhauſen, Colmar, Markirch (Sainte Marie aux Mines) und Gebweiler.

Städte darin ſind:

im Arrondiſſement Colmar:

Colmar, 24,000 E., früher freie deutſche Reichsſtadt, Hauptſtadt des Departements und des gleichnamigen Arrondiſſements, in einer ſehr ſchönen Gegend, am Gerbersbach (einem Arme der Lauch), eine Stunde von der ſchiffbaren Jll. Die Mehrzahl der Einwohner iſt proteſtantiſch, auch giebt es viele Juden, welche hier eine Synagoge haben. Gerichtshof, Handelstribunal, College, Departemental-Normal-Primärſchule, Taubſtummenſchule, öffentliche Bibliothek von 45,000 Bänden, Muſeum, Departemental-Obſtzucht und Orangerie, 3 Buchdruckereien, lebhafte Induſtrie, Fabrikation gedruckter Leinwand, Indienne, Calicos, Bänder in Seide und Baumwolle, Färbereien, Gerbereien, Baumwollenſpinnereien, Brauereien, Handelsentrepot für Erzeugniſſe des Elſaß. —

Colmar ist der Geburtsort des berühmten Kupferstechers Martin Schön. Der Dichter Pfeffel wurde hier 1736 geboren und starb auch in Colmar 1809.

Die 13 Kantons des Arrondissements Colmar haben ihre Sitze in folgenden Städten und Dörfern:

Andolsheim, Dorf, 1112 Einw.

Ensisheim, 3847 E., Stadt, 11 Meilen südlich von Straßburg, an der Ill, in einer Ebene; altes gothisches Rathhaus, Zuchthaus, Baumwollenspinnerei, Calico- und Strohhutfabriken.

Gebweiler, franz. Guebwiller, 12,218 E., an der Lauch; schöne Kirche, vorzüglicher blanker Sect (Ritterlé), Wollen- und Baumwollenspinnereien, Fabriken für Baumwollenzeuge, Mousselin, Tuch, Band, Potasche, Spinnmaschinen, Bleichen, Steinkohlengruben, Schieferbrüche.

Kaysersberg, 3140 E., Stadt an der Weiß; Weinbau, Baumwollen- und Wollenspinnerei, Weberei, Gerberei, Bleichen.

Markirch (Sainte Marie aux Mines), 12,500 E., im Gebirge, durch den Leberbach in zwei Hälften getheilt, von denen die eine deutsch und protestantisch ist, die andere französisch spricht und aus Katholiken besteht, hat blühende Industrie in Siamoisenfabrikation, Türkischgarnfärberei, Strumpfwirkerei, Blei- und Silberbergwerk. Nicht bloß in der Stadt selbst, sondern auch in einem Umkreise von 5 Meilen wird in allen Dörfern für Markirch gearbeitet. Augenblicklich bestehen 36 Fabriken von Webestoffen, von denen jede 1800 Arbeiter beschäftigt, 19 Färbereien, 4 Appretiranstalten und Bleichen und 2 Spinnereien. Die Zahl der Arbeiter in den Dörfern mit berechnet, beschäftigt Markirch nahezu 40,000 Menschen.

Münster, 3350 E., Stadt, am Fuß des Mönchbergs an der Fecht; lutherische Kirche, Baumwollenspinnerei, Baumwollen- und Wollenzeugweberei, Kattun- und Leinwanddruckerei, Färbereien, Gerberei, Bierbrauerei, Kirschwasserfabrikation, Handel mit Kirschwasser, Butter, Käse, Vieh u. dgl. — Die Gegend um Münster wird wegen ihrer großen Schönheit die kleine Schweiz genannt.

Neubreisach, 2005 E., am Rhein, der badischen Stadt Altbreisach gegenüber, feste und regelmäßige Stadt, mit dem Fort Mortier, befestigt von Vauban. Zurück an Deutschland am 5. November 1870. Neubreisach, ein kleiner, seit 1690 von Vauban selbst nach dessen dritter Manier (mit Thürmen) befestigter Ort, der vordem schon 1638, dann 1703 und 1704, sowie 1814 und 1815, dem Belagerer stets langen Widerstand geleistet hat. Die kleine Stadt liegt in einer Ebene, ganz nahe dem Rhein, von welchem aus mittelst fliegender Fähre die

Straße von Deutschland über die Festung nach Colmar und so einmal in den an Fabriken reichsten Theil des Elsaß, dann aber auch weiter auf Dié und Lüneville zu in das Gebirge führt. Ein zweiter Verkehrsweg zieht von Norden nach Süden; beide Straßen müssen unter den Kanonen der Festung den Rhein-Rhone-Kanal überschreiten, der die Ostfront des Platzes im Bogen umfließt. An diesem und in einem Terrainabschnitt gelegen, der wenige Meilen östlich vom Rheine, westlich von der Jll durchzogen wird, der übrigens durch den Kanal de Vauban mit oben genanntem Kanale in Verbindung steht, liegt Neubreisach in schwer nahbarem Terrain, und dadurch besonders günstig, daß jede Annäherung von Osten durch das dicht am Rheinstrome und doch kaum eine Viertelstunde von den Wällen der Festung entfernt gelegene Fort Mortier fast unmöglich gemacht wird. Dieses Werk, das die von Baden kommende Straße völlig beherrscht, steht unter demselben Befehle, wie die Festung selbst, zu den Plätzen erster Klasse zählend, dem Armeecorps-Commando in Nanzig untergeordnet war und eine Normalbesatzung von 3300 Mann mit 280 Pferden haben sollte. Die Festung ist regelmäßig und bildet ein stark befestigtes Achteck. Von den Deutschen eingenommen am 11. Nov. 1870.

Wolfganzen und **Weisolsheim** sind Dörfer in der Nähe von Breisach.

Schnierlach, franz: La Poutroye, 2618 E., Marktflecken an der Weiß, Baumwollenspinnereien und Fabriken, Siamoisenfabrik, Türkisch-garnfärbereien, Post.

Rappoltsweiler, franz. Ribeauviller, 7146 E., Stadt, OSO. von St. Dié, an den Vogesen im Eingang eines malerischen Thales, am Strengbach. Weinbau, Fabriken für Baumwollenzeuge; Baumwollspinnereien, Türkischrothfärberei, Leinwanddruckerei, Lederfabrik, Töpferei, Holzbrechslerei. Rappoltsweiler gehörte im Mittelalter einem wichtigen Rittergeschlechte, den Herren von Rappoltstein, welche ihre Burg zu einer Wartburg gemacht hatten, wo Dichtkunst und Musik aufs eifrigste gepflegt wurden. Vom Kaiser wurde den Herren von Rappoltstein das Recht verliehen, einen Pfeiferkönig ernennen zu dürfen. Der hier wachsende Wein ist unter dem Namen »Zahnacker« im ganzen Elsaß berühmt.

Ruffach, 3879 E., an der Lauch, College, Weißweine, Mützen- und Plüschfabrikation. Baumwollenspinnerei- und Weberei, Färberei und dgl.

Sulz, 4635 E., bekannt aus dem Kriege 1870. Fabriken für seidene Bänder, Strumpfwaaren, Seife.

Winzenheim, 3896 E. Marktflecken mit Baumwollen- und Seidenfabriken.

Orbey, 5670 E., Dorf mit Baumwollenspinnerei- und Weberei, auch Sägemühlen, Kirschwasser und Käsebereitung. Man treibt hier eine Art Alpenwirthschaft. Die Berge sind mit würzigen Weidekräutern besäet, und zahlreich sind die Sennhütten, in denen man treffliche Käse bereitet und weithin verschickt. Die Hirten bleiben mit ihrem Vieh vom ersten Mai bis zum letzten Semptembertage oben, wo sie dann wieder ins Thal hinabziehen und ihre Heerden überwintern.

Im Arrondissement Mühlhausen finden wir:

Mühlhausen, franz. Mulhouse, 60,000 E., vormals freie deutsche Reichsstadt, an der Jll, 3 Meilen von Basel, 5½ Meilen südlich von Colmar, am Rhone-Rheinkanal. Die Elsasser Eisenbahn theilt sich hier in die Baseler und Besançoner Linie, Mittelpunkt des Handels und der Industrie des ganzen Departements, Sitz eines lutherischen Consistoriums und eines jüdischen Rabbinats, eines Tribunals erster Instanz, eines Handels- und zweier Friedensgerichte, eines Gewerberaths und Arbeiterschiedsgerichts.

Mühlhausen ist der Mittelpunkt der so bedeutenden Baumwollenindustrie Frankreichs, es beschäftigt in diesem Zweige 60,000 Arbeiter, von denen aber nur 16,450 in der Stadt selbst wohnen. Seine Fabriken liefern Kattun, Calico, Zitz, Mousselin, Madras-Taschentücher. Hieran schließen sich Färbereien und die großartigsten Zeugdruckereien, die besonders in feineren Farben, so wie in Schönheit der Muster in Frankreich das Beste leisten.

Ferner fertigt man Leinwand, Wäsche in deutscher Façon, Tuch, Maroquin und anderes Leder, Handschuhe, Seifen, Chemikalien, Stärke, Spielwaaren, Druck- und Farbenpapier. Sehr zahlreich sind die Ateliers von Zeichnern, Holz- und Kupferstechern für Weberei und Druckerei.

Die Ueberlegenheit Mühlhausens in den meisten Gewerben, die es betreibt, erklärt sich durch die ungemeine Sorgfalt, welche die Mühlhäuser Fabrikherren dem Unterricht jeder Art gewidmet haben. Außer den gewöhnlichen Volksschulen und einem Gymnasium, einer Gewerbeschule und einer Handelsschule bestehen auch Unterrichtsanstalten, die sich mit der Ausbilduug ihrer Zöglinge für bestimmte Gewerbe beschäftigen, und eine höhere Schule für Wissenschaften und Literatur, die man für eine gewerbliche Hochschule erklären kann. Der Gewerbeverein hat eine Zeichen- und eine Malerschule gegründet, die beide ebenfalls auf den Mühlhäuser Gewerbebetrieb berechnet sind. Er besitzt eine ausgezeichnete Bibliothek und ein Gewerbemuseum, in dem man Proben älterer und neuer Artikel des Elsaß findet.

In ausgezeichneter Weise ist in Mühlhausen für die zahlreichen Fabrikarbeiter gesorgt. — Zwischen Mühlhausen und Dornach erstreckt sich die große Ebene, durch die der Rhein-Rhone-Kanal fließt. Nachdem man in der Stadt bereits Bäder und Waschanstalten für Arbeiter errichtet hatte, begann man 1853 auf dieser Ebene eine Arbeiterstadt zu bauen. Sie läuft am Kanal hin und hat den Vorzug, den Arbeitern in der Nähe ihrer Fabriken die gesundeste Luft zu gewähren. Die schnurgeraden Straßen münden alle auf einen großen Platz, der seinen Namen Napoleonsplatz wohl ändern wird. Hier erheben sich zwei große Gebäude, von denen das eine Bäder und eine Waschanstalt, das andere eine Schenke, Bäckerei, Büchersammlung und Magazine enthält. In der Nähe befindet sich eine Kinderbewahranstalt, in der 150 Kinder Aufnahme und die sorgsamste Pflege finden. Die für die Arbeiter bestimmten Häuser haben zum Theil nur ein Erdgeschoß, zum Theil ist ein Stockwerk aufgesetzt. Jedes ist für eine oder höchstens zwei Familien berechnet. Die Baukosten eines jeden betragen 2400 bis 3000 Franken. Die Gesellschaft, welche diese Stadt gegründet hat, verkauft jedem Arbeiter ein Haus für die Herstellungskosten, ohne ihn zu augenblicklicher Zahlung zu verpflichten. Er muß, je nach dem Werthe des Gebäudes eine Einzahlung von 300 bis 400 Franken leisten und später eine Monatsmiethe von 18 bis 23 Franken entrichten. Dies ist 4 bis 5 Franken mehr, als er in der Stadt zu zahlen haben würde, und bleibt er vierzehn Jahre lang Miether, so ist das Haus sein Eigenthum. Mit jedem Gebäude ist ein Garten verbunden, dessen Nutznießung der Arbeiter hat. Bis jetzt sind 692 Häuser gebaut und 656 verkauft worden.

Hüningen, franz. Hueningue, in der Nähe von Basel, 1800 E., mit Festungswerken, welche i. J. 1815 geschleift wurden, und einer Fischzuchtanstalt.

Altkirch, 3300 E., Hauptort des gleichnamigen Arrondissements*), an der Ill, beträchtliche Steinbrüche, Handel mit Hanf, Gerberei, Färberei, Baumwollenweberei, Maschinenbau.

Im Arrondissement Belfort liegen:

Belfort, 8400 E., feste Stadt an der Savoureuse und an der von Straßburg nach Besançon führenden Eisenbahn, mit einem Bergschlosse. Handelstribunal, Zolldirection, bedeutendes Entrepot für die Schweiz und für Deutschland.

---

*) Demnach scheint der Sitz der Behörden des Arrondissements Mühlhausen sich, unter der französischen Herrschaft, nicht in Mühlhausen, sondern in Altkirch befunden zu haben.

Belfort, Festung ersten Ranges, liegt in der sogenannten Senkung von Altkirch, welche sämmtliche zwischen den Vogesen und dem Jura nach Mittel-Frankreich führenden Kommunikationen aufnimmt, und mit dem festen Schlosse von Montbeliard beherrscht. Belfort selbst ist ein starkes verschanztes Lager für 50,000 Mann. Schon im Jahre 1847 hatte die an und für sich starke Festung zwei große Vorwerke, und seitdem ist der den Rayon umgebende Kuppelkranz mit detachirten Werken gekrönt worden. Montbeliard wurde am 9. Nov. 1870 von den Deutschen besetzt. In den Freiheitskriegen wurde Belfort von den Verbündeten ebenfalls nicht erobert, sondern bloß cernirt.

St. Amarin, 1900 E., mit der Abtei Murten, jetzt eine große Kattunfabrik.

Danjoutin, Dorf mit bedeutenden Außenwerken der Festung Belfort, am 8. Januar 1871 von den Deutschen erstürmt.

Sennheim, franz. Cernay, 4200 E., mit den gewöhnlichen Elsasser Industrien.

Dammerkirch, franz. Dannemarie, 1258 E., Mfl. Färbereien.

Dattenried, franz. Delle, 965 E., a. d. Leine. Dorf und Hauptort eines Kanton.

Brunn, franz. Fontaine, 342 E. Hauptort eines Kanton; Torfstich.

Giromagny, 2250 E. Stadt an der Savoureuse, Baumwollenspinnerei- und Weberei.

Masmünster, franz. Massevaux, 3244 E., am Fuß der Vogesen und am Dollar, Baumwollenspinnfabriken und Baumwollenweberei; Hochofen, Eisenhammer, Eisengießerei, Fabrikation von Kupferwaaren, Handel mit Kirschwasser.

Thann, 8154 E., an der Thure, am Fuße der Vogesen, am Eingang des Thales von Amarin, alte gothische St. Theobaldkirche mit einem 100 Meter hohen Thurme, College, Sparkasse, vorzüglicher Weißwein, besonders vom Berge Rangen, Bierbrauerei, Fabriken für Baumwollenzeuge, Seidenzeuge, Fußteppiche, Broderies, Hüte, chemische Produkte, Maschinen, Kattundruck, Leder. Dabei das Dorf

Bieur- oder Alt-Thann, 1170 E., mit Fabriken für Baumwollenzeuge, Stärke; Bleichen.

Das Generalgouvernement Lothringen
430 □M., 1,601,195 E.

hat seinen Namen von Lothar II., einem Sohne des deutschen
Kaisers Lothar. Als nach dem Tode Karls des Großen sein
Reich unter seinen Nachfolgern sich immer mehr zersplitterte,
erhielt auch Lothringen eigene Herzöge, welche stets Vasallen
des deutschen Reiches blieben.

Die Lage des Landes machte es aber zu einem Zankapfel
zwischen Deutschland und Frankreich, und seine deutschen Herzöge, mit dem französischen Regentenhause oftmals verwandt,
lebten vom 16. Jahrhundert an in einer drückenden Abhängig-
keit von Frankreich.

Im Jahre 1552 besetzte Frankreich die bis dahin freien
deutschen Reichsstädte und die Bisthümer Metz, Toul und
Verdun, wogegen es den Protestanten in Deutschland Hilfe
versprach, und im westphälischen, für Deutschland so schmach-
vollen Frieden wurden diese Städte in Folge der Zerrissenheit
und Schwäche Deutschlands gänzlich an Frankreich überlassen.

Von der Zeit an strebte Frankreich ganz offen nach dem
Besitz dieses deutschen Landes, und das in sich selbst zerspaltene
deutsche Reich vermochte die oft vertriebenen Herzöge nicht zu
schützen. Endlich mußte der letzte derselben, Franz Stephan,
Gemahl der Kaiserin Maria Theresia, der Stammvater des
jetzigen österreichischen Kaiserhauses, sein Land gegen Toskana
an den vertriebenen König von Polen, Stanislaus Les-
cinsky, den Schwiegervater Ludwigs XV., im J. 1737 ab-
treten, und Lothringen fiel nach des Letzteren Tode, i. J. 1766,
tractatmäßig an Frankreich. Noch jetzt ist das Land nur halb
französisch und im ganzen östlichen Theile spricht man deutsch,
daher die vielen doppelten, zum Theil verstümmelten Namen.

Lothringen ist meist bergig, doch freundlich und fruchtbar.
Es liefert Getreide, Obst und Wein, letzteren jedoch von keiner

besonderen Beschaffenheit. Auch hat es ausgezeichnete Salz-
und Mineralquellen.

Es ist ein von tief gespaltenen Thälern durchschnittenes
Bergland, welches im Westen vom Ardenner- und Argonner-
Wald, im Norden vom rheinischen Schiefergebirge begrenzt
wird, südlich aber durch das Sichelgebirge mit dem westlichen
Abfall des Wasgau zusammenhängt. Das Plateau hat eine
durchschnittliche Höhe von 700 bis 800 Fuß; tiefer liegen die
meist muldenförmigen Thäler, höher, bis 1300 Fuß, vereinzelte
Bergrücken, deren felsige Hänge der Gegend ein oft gebirgiges
Gepräge verleihen.

Die Mosel und die Maas bilden die Hauptwasserstraßen
Lothringens und ziehen den größeren Theil seines Verkehrs
zum Rhein, in welchen die Mosel sich bei Coblenz ergießt,
und nach dem niederländischen Norden. Die Mosel trennt die
Hochebene in zwei Theile und bildet die tiefste Furche des
lothringischen Beckens. Sie entspringt aus drei Quellbächen
im Innern des Winkels, welcher von dem höchsten Theile der
Vogesen und einem von diesen in der Nordwestrichtung aus-
gehenden Landrücken gebildet wird. An ihrer Quelle 2232 Fuß
hoch, liegt sie bei Remiremont noch 1218, bei Epinal 978 Fuß
über dem Meeresspiegel. Bei letzterem Orte tritt sie aus dem
Berglande des Wasgau, fließt dann über Toul, Metz und
Sierk und bei Perl in preußisches Gebiet, auf welchem sie das
Becken von Trier bildet.

Bis Toul ist die Richtung des Flusses eine nordwest-
liche; von hier jedoch nimmt er nach einer scharfen Biegung
eine nordöstliche Richtung. Die Mosel ist 69 Meilen lang,
von denen 36 französisches Gebiet durchfließen; sie trägt von
Charmes abwärts kleinere, von Pont à Mousson (570 Fuß
hoch) mittlere, von Metz (456 Fuß hoch), wo sie 200 Fuß
breit ist, große Fahrzeuge. Das Moselgebiet ist zur Linken
durch die Maas zu sehr beengt, um Zuflüsse von Bedeutung
aufzunehmen; rechts fließen ihr aus den Vogesen bedeutende

Gewässer zu, die Murte (Meurthe) unterhalb Nancy, die Seille bei Metz und die 34 Meilen lange Saar, welche ihr besonderes Flußgebiet bildet.

Die Maas (Meuse) fließt zuerst über einen zerklüfteten Felsboden zwischen abwechselnd 1000 bis 1500 Fuß hohen Rändern hin. Bei Neufchateau kaum in Lothringen eingetreten, verschwindet sie plötzlich in unterirdischen Klüften (perte de la Meuse), um erst ¾ Meilen später wieder an die Oberfläche zu treten. Die Maas zeigt während ihres ganzen oberen Laufes eine seltene Magerkeit und Schmalheit des Flußgebietes, so daß von Zuflüssen höchstens der kleine, stark gewundene Chiers zu nennen ist, der bei Sedan in sie mündet.

Die das Thal der Maas umschließenden Höhen werden unterhalb Commercy breiter und bilden von da ab eine Ebene, welche durch das Maas- und Airethal in drei Rücken zerlegt wird, deren westlicher von der Aire, deren mittlerer von dem zur Maas gehenden Bar, deren östlicher vom Chiers durchbrochen wird.

Lothringen umfaßt 430,64 ☐M. und hat 1,602,195 Einwohner. Es ist daher größer als das Königreich Sachsen, obgleich dieses fast doppelt so viel Einwohner hat. Die größte Ausdehnung von Westen nach Osten beträgt 23 Meilen, von Norden nach Süden 16 Meilen.

Die Franzosen haben das deutsche Herzogthum in vier französische Departements eingetheilt:

1) Departement der Meurthe,
2)   »   der Vogesen,
3)   »   der Maas,
4)   »   der Mosel.

General-Gouverneur für Lothringen ist vorläufig der Generaladjutant des Königs, von Bonin, seine Residenz ist Nanzig. Unter seiner Leitung stehen die Departements der Meurthe, der Vogesen und der Maas. Bei der Beschreibung dieses Landes müssen wir noch, wie bisher, der alten Eintheilung folgen.

Das Departement der Meurthe,

zwischen Mosel, Niederrhein, Vogesen und Maas, eine reizende Landschaft mit Thälern, Hügeln und sanften Abhängen der Vogesen, hat 110,6 QM. mit 428,387 Einwohnern, guter Landwirthschaft, vielem Weinbau (jedoch nur geringer Qualität), Bergbau auf Eisen und Salz und vielem Handelsverkehr auf Flüssen, Kanälen, Straßen und den Eisenbahnen von Straßburg, Lüneville, Nancy nach Paris. Seinen Namen hat das Departement von der auf den Vogesen entspringenden, 2½ Meilen langen, von Nancy an schiffbaren und 1,8 Meilen unterhalb dieser Stadt in die Mosel mündenden Meurthe, deutsch: Murte. Außer der Murte finden wir in diesem Departement an Flüssen:

Die Mosel, welche bei Grippon in das Departement eintritt und es zwischen Champey und Arnonville wieder verläßt und innerhalb dieser Grenzen 120 Kilometer lang ist.

Die Seille, deren Lauf innerhalb des Departements 50 Kilometer lang ist und auf dieser Strecke 99 Mühlen treibt.

Die Bezouze treibt 49 Mühlen und 22 andere Etablissements.

Die Saar entsteht aus dem Zusammenfluß der rothen und weißen Saar bei Hermelingen und fließt von dort ab noch in einer Länge von 22 Kilometer durch das Departement. Ihre Gesammtlänge bis zur Mündung in die Mosel bei Trier ist 220 Kilometer.

Die höchsten Berge sind der »Hengst« und der »Spitzberg«, beide 813 Meter hoch, auf der Westseite der Vogesen gelegen.

Zur Verwaltung ist das Departement eingetheilt in 4 Arrondissements:

1) Château-Salins (Salzburg), 108,047 Hektar, 70,326 E., in 5 Kantons;

2) **Lüneville**, 120,912 Hektar, 88,978 E., in 5
Kantons;

3) **Nancy**, 142,264 Hektar, 147,978 E., in 6 Kantons;

4) **Saarburg**, 119,055 Hektar, 76,667 E., in 5
Kantons;

5) **Toul**, 118,644 Hektar, 62,096 E., in 4 Kantons;
zusammen also in 27 Kantons.

Städte darin sind:

Nancy, deutsch: Nanzig, 50,000 E. Die Hauptstadt von ganz
Lothringen, und vormals Residenz seiner deutschen Herzöge, in einer
fruchtbaren, gut angebauten und angenehmen Ebene, unweit des linken
Ufers der schiffbaren Meurthe, durch den Marne-Rheinkanal und die
Ostbahn mit Paris und Straßburg, so wie durch eine Zweigbahn mit
Metz und Saarbrücken verbunden, zerfällt in die Altstadt im Norden,
welche unregelmäßig und finster gebaut ist, und in die Neustadt im
Süden. Die südliche größere Hälfte ist nebst Paris die freundlichste
und schönste Stadt in Frankreich, von regelmäßiger Anlage mit geraden,
20 Schritt breiten, reinlichen Straßen, prachtvollen Gebäuden, mit
Springbrunnen gezierten Plätzen, großartigen Thoren und schönen
Spaziergängen. Ueberall zeigt sich in der Bauart der größte Luxus,
selbst in den Kasernen und Hospitälern, aber nicht in den Kirchen.
Das gothische Schloß der ehemaligen Herzöge von Lothringen liegt
in der Altstadt. Die Einwohner, unter denen viele Reformirte sich
befinden, treiben lebhaften Handel und schwunghaftes Gewerbe, und
erfreuen sich eines bedeutenden Wohlstandes.

Lüneville, deutsch: Lünstadt, 15,184 E., Stadt an der Meurthe
südöstlich und 3½ Meilen von Nancy, schöngebaute Stadt am Einflusse
der Bezouze in die Meurthe, hat ein vormaliges schönes, jetzt in eine
Kaserne umgewandeltes Schloß, Fayencefabriken. Friede von Lüneville
am 9. Febr. 1801.

Pont à Mousson, deutsch: Mußelbrück, 8000 E., Stadt in
einem schönen Thale an der Mosel, nord-nordwestlich und 4 Meilen
von Nancy, Eisen- und Steingutfabriken. Die Mosel theilt die Stadt
in zwei Theile, die Alt- und Neustadt. Im 14. Jahrhundert wurde
sie zu einer freien Reichsstadt erhoben, konnte sich aber gegen die Herzöge von Lothringen nicht behaupten. Im Jahre 1572 errichtete
Karl III. von Lothringen hier eine Hochschule, die einen solchen Ruf
bekam, daß man in Paris eifersüchtig wurde und alle französischen
Studenten abrief.

Grandville, 1000 E., Stadt an der Mosel.

St. Nicolas, a. d. Meurthe, 4000 E.

Rosieres auг Salines, 2153 E., Stadt an der Meurthe, Salzquellen.

Chateau Salins, deutsch: Salzburg, 2323 E., Salzquellen, Gyps- und Steinbrüche.

Dieuze, 3104 E., Stadt an der Seille.

Vic, 2480 E., Stadt an der Seille mit einem großen 1819 ent- deckten Salzsteinlager.

Mayenvic, 1580 E., Saline.

Saarburg, franz. Sarrebourg, 3030 E., an der Saar nord- westlich und 8 Meilen von Straßburg.

Baccarat, 4763 E., an der Meurthe, mit berühmter Kryftall- glasfabrik, der größten dieser Art in ganz Frankreich.

Blamont, 2287 E., an der Bezouze.

Toul, 9000 E., in einer der reizendften Gegenden des nördlichen Frankreich, an der Mosel, mit einer schönen Kathedrale und bedeutender Fayencefabrik. Belagerung im August und September 1870. Von den Deutschen genommen am 23. September.

Die Festung Toul gehörte als Waffenplatz zweiter Klasse in den Bereich des dritten französischen Armeecorps zu Nanzig und war der Militärdivision zu Metz unterstellt. Die Befestigungen der Stadt waren reguläre; neun Bastionen und mehrere Ravelins, umschlossen die Stadt. Die Einnahme von Toul war deshalb wichtig, weil die Festung den Eisenbahnverkehr zwischen Nanzig und Paris sperrte.

Die Stadt Toul war Sitz der verschiedenften Civilbehörden und enthält Fabriken mehrfacher Art, z. B. für Stickereien, Weinessig und Fayence, und hat außer einigen historisch merkwürdigen Kirchen nament- lich ein schönes altes Rathhaus, mehrere Kasernen und eine schöne massive, über die Mosel führende Brücke.

Ecrouves, Dorf im Arrondissement Toul am Rhein-Marne- Kanal, ½ Meile westlich von Toul, war während der Belagerung das Hauptquartier des Großherzogs von Mecklenburg.

Dommartin und la Justice, Dörfer von wo aus Toul am 20. August beschossen wurde.

Pfalzburg, 4000 E., Arrond. Saarburg, feste Stadt auf einem über 1000 Fuß hohen Bergrücken der Vogesen, welcher im Osten wie im Westen von je einer langen Schlucht begrenzt wird, welche beide parallel laufend von der Straße Saverne-Nanzig unter den Kanonen der Festung liegt. Erwähnenswerth in derselben ist das Arsenal und mehrere Kasernen. Die Befestigung Pfalzburgs, welches

ein Festungsplatz zweiter Klasse war, bestand aus sechs Bastionen und
eben so vielen Ravelinen und trockenen Gräben von großer Tiefe.
Zurückgelangt in die Hände der Deutschen am 13. Dez. 1870.

Das Departement der Vogesen

oder des Wasgaues, 110 QM. mit 418,998 Einwohnern,
zwischen Maas, Meurthe, Nieder- und Oberrhein, Ober-Saone
und Ober-Marne, ein von den Vogesen gebildetes Gebirgs-
land, hat viel Wald, gute Weideplätze, streckenweise schönen
Landbau, Torf, Steinkohlen, Eisenerz.

Das Departement ist getheilt in 5 Arrondissements: 1) Epinal,
2) Mirecourt, 3) Neufchateau, 4) Remiremont, 5) St. Denis.

Städte darin sind:

Epinal, 11,870 E., gutgebaute Hauptstadt an der Mosel und
an der von Lüneville abgezweigten Eisenbahn, Kettenbrücke.

Ramberviller s, 5000 E., an der Mortagne, hat beträchtliche
Eisenwerke.

St. Dié, 10,500 E., Bischofssitz. Gefecht am 6. October 1870.

Remiremont, 6074 Ew., an der Mosel. Baumwollen- und
Kattunfabriken, starker Handel mit Käse.

Plombières, 1500 E., zwischen hohen Bergen der Vogesen,
3 Meilen südlich von Epinal, mit berühmten warmen Bädern.

Gerardmer, Marktflecken mit 6225 E., wo der berühmte
Gérômé oder Vogesenkäse bereitet wird.

Mirecourt, 5600 E., am Madon, wo viele Drehorgeln, Geigen,
Violinbogen und andere musikalische Instrumente verfertigt werden.

Neufchateau, 3793 E., am Einflusse der Mouzon in die Maas.
Eine Stunde von Neufchateau, jedoch schon in der Champagne, liegt
das Dorf Domremy, der Geburtsort der Jungfrau von Orleans,
deren Haus, mit einer Marmorbüste der Jungfrau, noch heute zu sehen ist.

Raon-aur-Bois, 2014 E., Dorf im Arrondissement Remiremont. Baumwollenweberei.

Raon-l'Etape, 3580 E., Stadt im Arrondissement St. Dié
am Einfluß der Pleine in die Meurthe, Flußhafen und Schiffbau,
Baumwollenweberei, Färberei, Gerberei, bedeutender Handel mit Getreide, Bauholz und Brettern; Schleiferei der Baccarat-Krystalle.
Gefecht am 6. October 1870.

Etival, 1862 E., Dorf im Arrondissement St. Dié, Papiermühle, Gefecht am 6. October 1870 an der Balbange, eine Meile von Raon-l'Etape.

St. Remy, Dorf, nahe bei St. Dié.

Rotampelize, Dorf, Arr. St. Dié.

Bruyeres, Dorf, Arr. St. Dié.

St. Michel, Eisenbahn-Station bei St. Dié.

Das Departement der Maas

oder Meuse, 113 □M., 301,653 Einwohner, zwischen den Departements Ardennen, Luxemburg, Mosel, Meurthe, Vogesen, Obermarne und Marne, mit vielen Bergen und Hügeln, besonders in dem nördlichen Theile, wohin Zweige der Ardennen sich ausstrecken, nur in den Thälern und Ebenen fruchtbar, wo es reich ist an Korn und Wein, mit guter Pferde-, Schweine- und Ziegenzucht, Bergbau auf Eisen und vieler Industrie. Die Straßburg-Pariser Eisenbahn durchzieht den südlichen Theil; ein Kanal verbindet den Ornain und die Maas.

Eingetheilt ist es in 4 Departements: 1) Bar le Duc, 2) Commercy, 3) Montmedy, 4) Verdun.

Städte darin sind:

Bar le Duc, 15,334 E., wohlgebaute Hauptstadt am Ornain, westlich und 10 Meilen von Nancy, mit Schloß, Fabriken, Weinhandel, 2 reformirten Kirchen.

Revigny aux Baches, kleine Stadt von 1500 E., am Ornain, an der Eisenbahnstraße zwischen Bar le Duc und Chalons.

Belaires, Trouville, Longeville, Dörfer, welche in den Berichten über den Feldzug 1870 genannt werden.

Verdun, 12,000 E., feste und wohlgebaute Stadt, von der Maas durchströmt. Fabriken von Likören und Confitüren. Belagerung im August 1870. Verdun ist der Sitz eines Bischofs, so wie vieler Militär- und Civilbehörden. Sehenswerth sind: die aus dem 11. Jahrhundert stammende Kathedrale, das Seminar, der Palast des Bischofs, das Museum für Alterthümer und das Rathhaus. Capitulirt am 8. November 1870.

Montmedy, 2135 E., feste Stadt am Chiers, westlich 8 Meilen von Luxemburg. Am 15. Dec. 1870 von den Deutschen genommen.

Montmedy ift faft ganz vom Thiers eingefchloſſen, der ſich bald unterhalb der Stadt der Maas zuwendet. Es beherrſcht die Bahnen und
Straßen nach Diedenhofen und nach Sedan. Die Stadt befteht aus
zwei Theilen, der eine liegt in der Ebene und ift von einer Umwallung
mit mehreren Thoren, Baſtionen und fünfeckigen Thürmen eingefaßt.
Der andere ift auf der Höhe gelegen und bildet die Citadelle, welche
auf einem Felſen gelegen und mit acht Baſtionen und einer krenelirten
Mauer umgeben ift; der vor dieſer liegende Graben ift durch ſechs
Halbmonde gedeckt, von denen einige noch von Bauban ſtammen.

Commercy, 4100 E., hübſche Stadt an der Maas mit prächtiger
Cavallerie-Kaſerne, einer großen bedeckten Reitbahn, Eiſenhüttenwerk.

Mihiel oder St. Michel, 5403 E., an der Maas, mit ſehens-
werther Stephanskirche.

Ligny, 3792 E., am Ornain, mit 2 Kirchen und einem ſchönen Park.

Clermont en Argonne (nicht zu verwechſeln mit Clermont
im Departement der Oiſe) ift eine kleine Stadt von 1200 E., wo der
König vom 26. Auguſt an ſein Hauptquartier hatte.

Auzeville, ein Dorf, wo ein Theil des Hauptquartiers Wohnung
nahm, liegt 2 Kilometer von Clermont.

Das Departement der Mosel,

welches, obgleich urſprünglich zu Lothringen gehörend, jetzt dem
Generalgouvernement des Grafen von Bismarck-Bohlen
zugetheilt ift, umfaßt 117 QM. mit 525,291 Einwohnern
und enthält die Arrondiſſements:

1) Metz, mit 9 Kantons, 223 Gemeinden und 165,179
   Einwohnern.

2) Saargemünd, mit 8 Kantons, 156 Gemeinden
   und 131,876 E.

3) Thionville, mit 5 Kantons, 119 Gemeinden und
   90,591 E.

4) Salzburg (Chateau ſalins) mit 5 Kantons, 147
   Gemeinden und 60,626 E.

5) Saarburg, mit 5 Kantons, 116 Gemeinden und
   71,019 E.

Salzburg und Saarburg gehörten unter der französischen
Herrschaft zu dem Departement Meurthe und sind dort beschrieben.

————

Das frühere Departement der Mosel, 97½ □M., 452,157
Einwohner, ist in neuester Zeit merkwürdig geworden als Schau-
platz des Krieges zwischen Deutschland und Frankreich. Sämmtliche hier unten genannte Städte dieses Departements wurden
in den Zeitungen vielfach genannt.

Das Departement der Mosel, von den Departements Maas,
Meurthe und Niederrhein, sowie von Rheinbaiern, Rheinpreußen
und Luxemburg begrenzt, hat seinen Namen von der Mosel.
Im Westen von Theilen der Ardennen, im Osten von Ver-
zweigungen der Vogesen bedeckt, wird das Departement von
Süden gegen Norden von genanntem schiffbaren Flusse, welcher
hier rechts die Seille und links die Orne aufnimmt, durch-
flossen und außerdem von der schiffbaren Saar mit der Nied
bewässert. Das Klima ist in den Moselthälern mild, in den
Gebirgslandschaften rauh.

Der Ackerbau erzeugt doppelt so viel Getreide als man im
Departement bedarf, außerdem Oelgewächse, Hanf und Flachs,
gute Gemüse, Obst in Menge.

Der Weinbau wird mit Sorgfalt betrieben, jedoch wachsen
die berühmten Moselweine nicht hier, sondern auf deutschem
Gebiet. Was davon hier erzeugt wird, hat einen merklichen
Erdgeschmack und eignet sich nicht zum Transport, muß daher
an Ort und Stelle getrunken werden.

Die Mosel beschreiben wir etwas genauer, nicht nur, weil
sie dem Departement den Namen giebt, sondern auch, weil sie
schon jetzt eben so ein deutscher wie ein französischer Fluß ist.
Wissen wir doch alle, daß der gekrönte Räuber in Paris den
Krieg an Preußen nur deßhalb erklärte, weil ihm nach dem
ganzen Gebiet der Mosel gelüstete. Wir dagegen meinen: soll
durchaus die Mosel in einer Hand sich befinden, so wollen

wir unſer altes Herzogthum Lothringen, welches wir mit un-
ermeßlichen Opfern wieder erobert haben, nun auch behalten,
die Moſel ſoll von ihrer Quelle bis zu ihrer Mündung ein
deutſcher Fluß ſein.

Die Moſel, lat. Mosella, franz. Moselle, ein linker Nebenfluß des Rhein, entſpringt im Arrondiſſement Remiremont des
Departements der Vogeſen zwiſchen dem Ballon d'Alſace und
dem Drumont aus drei Quellbächen, deren ſtärkſter in 2232
Fuß Höhe entſteht. In einem ſüdlichen Bogen wendet ſie ſich
weſtwärts nach Remiremont (1219 F. hoch), nimmt hier rechts
die Moſelotte auf, geht über Epinal (976 F. hoch) nach Charmes, dann nach Toul (628 F. hoch), nähert ſich hier der Maas
auf 2 Meilen, macht plötzlich eine Wendung gegen Nordoſt
nach Frouard, wo ſie die Meurthe aufnimmt.

Verſtärkt durch dieſe wird ſie nun ſchiffbar, geht vorüber
an Pont à Mouſſon (560 F. hoch), Metz (517 F. hoch),
Diedenhofen, Sierk und tritt dann bei Perl auf preußiſches
Gebiet. Hier bildet ſie 4½ Meilen weit die Grenze zwiſchen
Luxemburg und dem Regierungsbezirk Trier, und geht über
Trier, Bernkaſtel, Trarbach, Traben, Zell, Kochem nach Koblenz,
wo ſie ſich mit dem Rheine vereinigt.

Ihr Flußgebiet umfaßt 500 QM., wovon der größte Theil
zum Herzogthum Lothringen, das Uebrige zur preußiſchen Rheinprovinz gehört.

Die Moſel zeichnet ſich vor allen Flüſſen Europas aus,
durch die vielen Krümmungen, welche ſie ſowohl in ihrem
oberen Laufe, in Lothringen, als auch in dem unteren, im
Regierungsbezirk Trier, bildet.

Der Rhein, von Bingen bis Bonn, durchbricht das rhei-
niſche Schiefergebirge in einer Richtung, welche mit den Schichten
dieſes Gebirges parallel geht oder in einem ſogenannten Längen-
thale. Sein Thal und Lauf ſind in Folge deſſen ziemlich
gerade gerichtet. Die Moſel dagegen durchbricht die Schichten
dieſes Gebirges von der Seite her, oder der Quere nach, in

einem sogenannten Querthale. Ihr Lauf ist daher, wie der
Lauf aller in Querthälern strömenden Flüsse, sehr vielfach ge-
wunden und gekrümmt. Die Krümmungen sind so groß, daß, während die directe
Entfernung von Trier nach Koblenz nur 13 Meilen beträgt,
der Abstand auf dem Flusse selbst sich verdoppelt, indem man
bei einer Messung längs der Ufer des Flusses eine Linie von
50 Stunden Länge gewinnt. Während der Fluß im Ganzen
nach Nordosten fließt, wirft er sich stellenweise dermaßen herum,
daß er auf einzelnen Strecken geradezu in entgegengesetzter
Richtung strömt. Es scheint zuweilen, als wolle er wieder
zu seiner Quelle zurück. Sein Lauf erscheint daher wie ein
vielgewundenes Band. Vermittelst dieser Krümmungen schneidet
er aus dem Festlandkörper eine Menge von Halbinseln in sehr
mannichfaltigen Figuren heraus. Zuweilen haben diese Halbinseln einen Umfang, der längs des Flußbettes sechsmal größer
ist als die Strecke, durch die sie mit dem Festlande zusammen-
hangen. Diese Halbinseln bilden daher schmale Landzungen,
mit denen man, wenn man sie zu Fuße durchkreuzt, sehr schnell
von einem oberen Flußpunkte zu dem unteren gelangen kann,
während man auf dem Flusse selbst weite, oft sechsmal größere
Umwege machen muß.

Die vielfachen Krümmungen des Flusses bewirken eine
äußerst mannichfaltige Stellung der Ufergelände zur Sonne
und bringen fast jeden kleinen Abschnitt des Flusses und Thales
in andere klimatische Verhältnisse. Hier ist ein kleiner, eine oder
zwei Stunden langer Busen, dessen Abhänge ganz nach Süden
gekehrt sind, in dessen Felsengeklüfte die Sonnenstrahlen heiß
zurückstrahlend zusammenschießen und der für den Wärme ver-
langenden Wein ganz vorzüglich gelegen ist. An diesen Abhängen ist dann jedes Fleckchen für den Weinbau in Anspruch
genommen und mit Reben besetzt. Bald ist ein solcher Busen
auf der rechten Seite des Flusses, bald, wenn dieser eine seiner
wunderlichen Windungen ausführte, auf der linken. Solche

ganz dem Süden zugekehrte Busen erzeugen dann die schönsten
Weine, und hier strebt Jeder ein kleines Gebiet zu gewinnen.
Es giebt andere Felsenwände, die mehr nach Südosten oder
Osten, oder nach Südwesten und Westen gerichtet sind und
welche die Strahlen der Sonne im Laufe des Jahres unter
sehr mannichfaltigen Winkeln empfangen. Sie erzeugen die
mittleren Weinsorten. Endlich giebt es auch Abhänge, die ganz
dem Süden abgekehrt.und geradeswegs dem Nordpol zugewendet
sind. Diese liegen entweder ganz oder doch einen großen Theil
des Jahres im Schatten. Sie sind kalt und dem Weinbau
ganz unzugänglich.

Das Moseldepartement ist besonders wichtig durch den
Festungsgürtel, welchen die Franzosen hier angelegt haben.

Die Nordostgrenze Frankreichs, welche bisher der Regierungsbezirk der Mosel bildete, ist weniger wie die des
Ostens durch die Natur, um so mehr aber durch eine Reihe
von Festungen gedeckt, welche theils noch der »Zone gegen den
Rhein« angehören, theils aber die »Zone gegen Belgien«
bilden, wiewohl einige derselben lediglich zum Schutz gegen
einen Angriff von rheinpreußischem oder luxemburgischem Gebiete aus dienen sollen.

Diese Festungsreihe beginnt bei Thionville an der Mosel,
verfolgt den Chiers bei Longwy und Montmedy, berührt die
Maas bei Sedan und Mezières, erreicht bei Rocroy den Ar-
dennenwald und endet mit den Festungen Givet-Charlemont
zu beiden Seiten der Maas, welche auf dem am meisten vor-
geschobenen Punkte im Nordosten Frankreichs und derjenigen
Spitze des Departements der Ardennen liegen, welche sich
meilenweit in die belgische Provinz Namur hineinzieht.

Die Strecke von Thionville bis Rocroy umfaßt etwa 25
Meilen; die einzelnen Entfernungen betragen ungefähr deren
6 von Thionville bis Longwy, 5 von Longwy bis Montmedy,

6 von Montmedy bis Sedan, 8 von Sedan bis Mezières
und 5 von dort bis Rocroy, von wo Givet-Charlemont 6 Meilen nördlich liegt; es ist klar, daß, wenn diese sämmtlichen
Plätze auch nicht durchweg zu den stärksten gehören, sie dennoch
wesentlichen Rückhalt für eine in der Richtung von ihnen aus
auf Verdun und Metz hin operirende Armee bilden. Thionville, Longwy und Montmedy gehörten im Frieden zum Bereich des 3. Armeecorps-Commandos, dessen Hauptquartier in
Nancy war, und zur Militärdivision in Metz; die übrigen
von Sedan bis Givet standen unter dem Commando des 2. Armeecorps in Lille und lagen im Gebiete der 4. Division Chalons. Sämmtliche genannten festen Plätze zählen nach der
französischen Eintheilung zu den Festungen I. Klasse.

Thionville ist die nördlichste französische Moselfestung; sie beherrscht diesen Fluß, die Eisenbahnlinien nach Metz, Luxemburg und
Longwy und die Straßen nach denselben Orten und Bouzonville. Die
Festung ist nicht unbedeutend; sie liegt auf beiden Seiten der Mosel
und kann 7–8000 Mann aufnehmen. Ihre Werke stammen aus
mehreren Epochen und gehören theils Vauban, theils Cormontaigne an.
Die Hauptform der Festung ist ein unregelmäßiges Siebeneck mit Halb-
monden und Lünetten. Die Stadt, welche 7800 Einwohner zählt, hat
drei Thore und innerhalb derselben ein großes Arsenal und ein bedeutendes Proviantamt. Die Mosel hat hier eine 127 Metres lange
Brücke mit 5 Bogen.

Longwy beherrscht diejenige Eisenbahnstrecke, welche die Linien
Luxemburg-Arlon und Thionville-Sedan mit einander verbindet und ist
Knotenpunkt der Straßen nach Thionville, Arlon, Virton und Longuyon.
Es liegt am Chiers, einem rechten Nebenfluß der Maas, etwa 1000 Fuß
hoch, kaum eine halbe Meile von der belgischen und nur wenig weiter
von der luxemburgischen Grenze entfernt und hat 3350 Einwohner.
Die Festungswerke bilden ein regelmäßiges Sechseck von 2340 Metres
Umfang mit sechs Bastionen und zwei Cavalieren und können 5000
Mann und 800 Pferde aufnehmen.

Montmedy ist fast ganz vom Chiers eingeschlossen, der sich bald
unterhalb der Stadt nördlich der Maas zuwendet; es beherrscht die
Bahnen und Straßen, welche ostwärts von Longuyon und von da nach
Longwy und Thionville, westwärts nach Sedan führen. Montmedy
hat 2100 Einwohner, welche in zwei völlig getrennten Theilen der

Stabt wohnen; der eine in der Ebene gelegene ist von einer Umwallung mit drei Thoren eingefaßt, welche durch mehrere Bastionen und fünfeckige Thürme verstärkt ist; der andere liegt auf der Höhe und bildet die Citadelle, die auf einem Felsen gelegen und mit acht Bastionen und einer Mauer umgeben ist. Der vor derselben liegende Graben wird durch sechs Halbmonde gedeckt, deren bessere noch von Vauban errichtet sind.

· Sedan liegt am rechten Ufer der Maas, an der Bahn von Montmedy nach Mezières und da, wo sich die Straßen nach diesen beiden Plätzen mit der nördlich von Bouillon aus Belgien kommenden kreuzen. Es hat 16,000 Einwohner und ist eine sehr bedeutende Fabrikstadt. Im Westen von diesen sind viele nasse Gräben und flacher Boden, der im Osten zu Höhen ansteigt, welche, das vorliegende Terrain weithin beherrschend, eine Annäherung sehr erschweren dürften.

Mezières ist einer der wichtigsten Plätze Nordostfrankreichs; in einem Bogen der Maas und auf deren rechtem Ufer gelegen, über welche hier eine Brücke von 26 Bogen nach Charleville führt. Die Stadt ist der Knotenpunkt der vier Eisenbahnen nach Givet-Charlemont, Hirson-Laon, Rethel-Rheims, Sedan-Metz, sammelt somit die sämmtlichen Verkehrsstraßen, die zu Wasser und zu Lande aus diesen Gegenden der Champagne und Lothringens nach Belgien führen. In Mezières war die 3. Subdivision der 4. Militärdivision (Chalons), eine Artilleriedirection II. Klasse, die Sousinspection der Waffenschmieden des Nordens und die 5. Festungsdivision stationirt; außerdem befanden sich dort eine Fabrik zur Anfertigung von Marinegeschossen und der Stab von zwei Gendarmerie-Brigaden; Mezières hat vier Thore, 5600 Einwohner, geräumige Kasernen im Nordosten der Stadt und eine starke Citadelle. Am 2. Januar 1871 wurde Mezières von den Deutschen besetzt.

Rocroy ist seit Entstehung der Eisenbahnen ein unwichtig gewordener Platz, welcher an der Straße von Rethel liegt, wo diese sich nach Chimay, Couvin und Givet theilt; es hat 3000 Einwohner und liegt etwa 1000 Fuß hoch auf einem hügeligen Plateau des Ardennerwaldes, unweit der Quellen des schwarzen Wassers, das sich bei Revin in die Maas ergießt.

Givet und Charlemont liegen, dieses auf dem rechten, jenes auf dem linken Ufer der Maas, unmittelbar bevor dieselbe aus Frankreich nach Belgien, aus dem Departement der Ardennen in die Provinz Namur ·tritt. Givet hat 5800 Einwohner und umfaßt Groß-Givet oder Givet-St.-Hilaire auf dem rechten und Klein-Givet oder Givet-Notre-Dame und Fort Charlemont auf dem linken Ufer, beide durch eine steinerne Brücke verbunden. Die Festungswerke, theilweise in die Felsen gehöhlt und noch den Zeiten Karls V. entstammend, sind durch Vauban verbessert und vermehrt worden. Fort Charlemont liegt auf einem spitzen Felsen etwa 700 Fuß über der Maas und beherrscht deren Thal bis hart an die Grenze; am Fuße des Berges befindet sich eine Kaserne, welche 5—6000 Mann zu fassen vermag.

Zu bemerken ist hierbei, daß von den in dieser dem Staatsanzeiger entnommenen Darlegung genannten Festungen nur Thionville und Longwy zum Moselbepartement gehören; Montmedy liegt im Departement der Meuse, Sedan, Mezières, Rocroy und Givet gehören zum Departement der Ardennen (Champagne).

Städte und Dörfer in dem Moselbepartement sind:

Metz, ehemals deutsche freie Reichsstadt, sehr starke Festung ersten Ranges, 560 Fuß über dem Meeresspiegel, an der Mündung der Seille in die schiffbare Mosel, liegt 42½ Meilen von Paris. Die Hauptstadt des Moselbepartements, des Arrondissements und dreier Kantons, mit 54,817 E., eine alterthümliche Stadt, ist der Sitz eines Präfecten, eines kaiserlichen Gerichtshofes, eines Bischofs und vieler Gerichts- und Verwaltungsbehörden, der 5. Militärdivision, des 3. Armeecorps, des 4. Artilleriecommandos u. s. w. Die Stadt hat zahlreiche Schulen, wissenschaftliche und Kunstinstitute, u. A. ein Museum mit Gemälden von David Teniers, Murillo, van Dyck, Rembrandt, Titian, Salvator Rosa 2c., viele Klöster, so wie lebhaften Handel und Industrie. Als Waffenplatz ersten Ranges enthält Metz mehrere Zeughäuser, eine Pulverfabrik, eine Artillerie-, Ingenieur- und Feuerwerkerschule. »Metz, seitdem es mit Festungswerken umgeben, ist noch niemals genommen worden.« Es hat sieben Thore, von denen das deutsche das merkwürdigste ist. Es ward im Jahre 1445 erbaut, 1860 restaurirt und wird von einem castellartigen Thurme überragt. Dem 16. Jahrhundert gehört die Guisenschanze an, 1562 vom Herzog von Guise bei der Belagerung von Metz errichtet. In ihrer Nähe liegt der Thurm Sergenois und der Thurm d'Enfer (Höllenthurm). Das Fort Belle-Croix und das Moselfort sind von Cormontaigne (Director der Befestigungen von Lothringen und der Bisthümer, † 1752, Erfinder eines besonderen Befestigungssystems) erbaut. Das erste deckt den östlichen Theil der Stadt und nimmt mit seinen Baulichkeiten einen weiten Raum ein. Das Moselfort liegt bei einer durch die Mosel von Metz getrennten Vorstadt und deckt die Festung nach Nordost. Vier andere im Jahre 1868 rings um Metz erbaute Forts schützen ein großes verschanztes

Lager: es sind die Forts des Carrières (nach Plappeville zu), du mont Saint-Quentin, de Saint Julien und de Queuleu. In der Mosel und Seille befinden sich Schleusen, um Inundationen veranlassen zu können. Unter den Kirchen von Metz zeichnet sich der theilweis aus dem Anfang des 12. Jahrhunderts stammende mächtige Dom aus. Auch die Kirchen Saint-Maximin, Saint-Eucaire, Saint-Ségolène Saint-Martin, Saint-Vincent, sowie die Tempelkirche in der Citadelle stammen noch aus dem 13., theilweise aus dem 12. Jahrhundert. Unter den Gebäuden ist das Rathhaus (1761 bis 1766) bemerkenswerth. Das in der Guisen-Schanze belegene Arsenal enthält große Werkstätten und Magazine für Geschütze, Geschosse, Gewehre und blanke Waffen. Auch das kleine Arsenal, in der alten Citadelle belegen, ist mit Werkstätten und Magazinen gefüllt. Ein anderes altes Magazin in der Citadelle, mit interessanten Wandmalereien geschmückt, war früher der Capitolsaal der Templer. Das Arsenal des Geniecorps, das einzige, welches Frankreich besitzt, enthält außer Magazinen eine prachtvolle Werkstätte mit den neuesten Maschinen. Die Artillerie- und Ingenieurschule, welche die alte Abtei St. Arnould benutzt, besitzt werthvolle Sammlungen, u. A. den Ballon, von welchem aus in der Schlacht bei Fleurus (1794) die feindlichen Stellungen recognoscirt wurden. Die Artillerieschule ist seit 1832 geschlossen. Das Militär-Lazareth ist für 1200 Kranke eingerichtet. An Kasernen sind vorhanden eine für das Geniecorps auf dem Königsplatz (place Royale), für Artillerie bei dem Thore Chambières, für Infanterie im Moselfort und die Coislinkaserne. Unter den 27 Plätzen der Stadt ist der Königsplatz der größte; auf dem Napoleonsplatz befindet sich das dem Marschall Fabert 1840 errichtete Denkmal. Die Häuser am Platz Saint-Croix stehen auf Ueberresten römischer Bauwerke. Ueber die Mosel führen 14 Brücken. Das Denkmal des Marschalls Ney (1860) ist in der Esplanade. Metz erhält sein Trinkwasser aus Quellen bei Gorze durch eine unterirdische ca. 2 Meilen lange Röhrenleitung, welche täglich ca. 10,000 Kub. Met. Wasser liefert, welches in zwei großen Reservoirs von 16,000 resp. 12.000 Kub. Met. Inhalt gesammelt wird. — Am 27. Oct. 1870 zogen die Teutschen in Metz ein. Vorher war Metz nie erobert worden, und war stolz auf diese Jungfräulichkeit.

Als freie Reichsstadt war Metz vom 11. Jahrhundert an von großer Bedeutung. Fünf Jahrhunderte hindurch konnte es sich an Macht, Reichthum und Glanz mit Frankfurt, Augsburg und Aachen vergleichen. Die Reichsstadt war mächtiger als mancher Fürst und besaß in ihrer ersten Zeit 215 Städte, Dörfer und Weiler. Durch die vielen reichen Bürger und Edelleute, die hier wohnten, entstand ein großer Luxus. Selbst dem Kaiser Karl V. bot sie die Spitze und wurde von ihm vergeblich belagert.

Longwy, 8353 E., am Chiers, Festung, nahe an der Grenze von Luxemburg, mit Metallindustrie, Fayence-, Spitzen- und Teppichfabrikation. Von den Deutschen erobert am 25. Januar 1871.

Diebenhofen, französisch: Thionville, 7376 E., befestigte Stadt an der Mosel, 3 Meilen südlich von Luxemburg. Eisenbahnverkehr mit Metz, Luxemburg und Sedan. Von den Deutschen besetzt am 26. Nov. 1870. Diebenhofen, lateinisch: Theodoris villa, ist eine sehr alte Stadt. Ein schon von den Merovingern gebautes Schloß wurde zu einem Lieblingsaufenthalt Karls des Großen, der hier mehrere seiner Capitularien veröffentlichte und hier auch in einer Versammlung der Großen seines Reichs erklärte, wie es nach seinem Tode mit der Theilung seiner ungeheuren Besitzungen unter seine drei Söhne gehalten werden solle. Im dreizehnten Jahrhundert schon war Diebenhofen eine bedeutende Festung und gehörte damals den Grafen von Luxemburg, welche hier ein großes und starkes Schloß gebaut hatten.

Saargemünd, französisch: Sarreguemines, 6802 E., östlich 9 Meilen von Metz am Zusammenfluß der Blies in die Saar, hat Fabriken von Fayence und unechten Edelsteinen.

Bitsch, 2740 E., in einer waldigen Gegend der Vogesen, über welcher auf einem schroffen Felsen eine für uneinnehmbar gehaltene Citadelle steht, mit Kasematten und einem sehr tiefen Brunnen. Die Werke der Festung, Kasematten, Gräben, Wälle sind durchweg in den Felsen gehauen und vollkommen bombenfest; die Stadt selbst hat nach alter Art Mauerwerk, Gräben und Thore, welche einen Kanonenschuß nicht aushalten. Belagert im August 1870. Bombardirt am 24. August.

Pirmasens, Dorf bei Bitsch.

Forbach, 5691 E. Eisenbahnstation an der preußischen Grenze, Steinkohlengruben.

St. Avold, 3000 E. Farbenfabriken. Badeanstalt.

Saaralbe, 3383 E., an der Mündung der Albe in die Saar.

Siert, französisch Sierques, 2300 E., an der Mosel, mit Grenzzollamt.

Briey, 1900 E., unweit der Orne.

Falkenburg, französisch Faulquemont, 1600 E., an der Nied.

Baurmont, 1300 E., liegt an der Maas.

Mars la Tour, Dorf, 3 Meilen scharf westlich von Metz, 4 Meilen südöstlich von Verdun, ist berühmt durch die Schlacht am 16. August 1870.

Rezonville, Dorf, Schlacht am 18. August 1870.

Courcelles, Dorf mit Eisenbahnstation zwischen Fallenburg und Metz, wo das Gefecht am 14. August 1870 seinen Anfang nahm.

Bionville, Dorf mit 440 E., in unmittelbarer Nähe der Quellen des Gorzebaches und an der Kaiserstraße von Metz nach Westen gelegen. Schlacht am 16. Aug. 1870.

Gravelotte, an derselben Straße zwischen Bionville und Metz, liegt auf bedeutenden Anhöhen, welche das Thal der Mance, nahe bei Gorze beherrschen. Schlacht am 18. Aug. 1870.

Ferner werden genannt in den Berichten über die Schlacht bei Metz: St. Marçal, kleines Dorf an der Quelle eines in die Orne mündenden Flusses.

Doncourt (les Constans), ebenfalls an einem Zuflusse der Orne gelegen.

Verneville, mit 700 E., liegt an der Mance.

Amanvilliers liegt inmitten der Wälder von Saulny.

St. Privat (le montagne), hat 450 E.

Puttlange, deutsch: Puttlingen, Dorf 2 Meilen südwestlich von Saargemünd, wo Prinz Friedrich Karl am 11. August 1870 sein Hauptquartier hatte.

Hillemer, Breiting, Diefenbach, Großquentin (deutsch: Groß-Tünchen), Morhange (deutsch: Mohringen) sind Dörfer, welche in den Berichten über den Feldzug 1870 genannt werden.

Moslau, Leipzig, St. Hubert und Point du jour sind Meierhöfe, welche in der Schlacht bei Gravelotte am 18. August 1870 von den Preußen erstürmt wurden.

Gorze, kleine Stadt, südwestlich 1½ Meilen von Metz.

Chatel St. Germain,
Noisseville,
Haconcours,
Antilly,
Mechy,
Charly,
Ay,
St. Barbe,
} Dörfer, bei denen sich die Hessische Division in der Schlacht bei Metz unvergänglichen Ruhm erwarb.

Das neu gebildete Gouvernement Lothringen umfaßt:
   1) die bisherigen Departements Maas und Vogesen.
   2) von dem Departement Meurthe, von welchem das Arrondissement Salzburg dem Gouvernement Elsaß zugelegt worden ist, die Arrondissements Nanzig, Lüneville und Toul,

3) von dem Moseldepartement das Arrondissement Briey (während die übrigen Arrondissements dieses Departements ebenfalls dem Gouvernement Elsaß unterstellt sind).

A. Das Departement der Maas ist getheilt in 4 Arrondissements.

1) Bar-le-Duc mit 8 Kantons, 128 Gemeinden und 80,964 E.

2) Commercy, mit 7 Kantons. 197 Gemeinden und 79,957 E.

3) Montmedy, mit 6 Kantons, 131 Gemeinden und 62,052 E.

4) Verdun, mit 7 Kantons, 149 Gemeinden und 78,680 E.

Gesammtzahl aller Gemeinden 587 mit 301,653 E. Darunter befinden sich:

407 Gemeinden mit weniger als 500 E.

143 mit 500 bis 1000 E.

27 mit 1000 bis 2000 E.

7 mit 2000 bis 5000 E.

1 mit 5000 bis 10,000 E.

2 mit mehr als 10,000 E. (Bar-le-Duc 15,334 E., Verdun 12,941 E.).

B. Das zum bisherigen Moseldepartement gehörende Arrondissement Briey enthält 5 Kantons, 131 Gemeinden, 64,511 E.

C. Das Departement der Vogesen umfaßt die Arrondissements:

1) Epinal, mit 6 Kantons, 142 Gemeinden und 98,931 E.

2) Mirecourt, mit 6 Kantons, 142 Gemeinden und 69,320 E.

3) Neufchateau, mit 5 Kantons, 132 Gemeinden und 58,596 E.

4) Remiremont, mit 4 Kantons, 39 Gemeinden und 73,614 E.

5) Saint-Dié, mit 9 Kantons, 199 Gemeinden und 118,527 E.

Gesammtzahl aller Gemeinden 548 mit 418,998 Einw.

Davon 315 mit weniger als 500 E.

120 mit 500 bis 1000 E.

75 mit 1000 bis 2000 E.

32 mit 2000 bis 5000 E.

4 mit 5000 bis 10,000 E.

2 mit mehr als 10,000 E.

Die wichtigeren Städte des Departements sind:

Epinal, mit 11,870 E.

St. Dié, mit 10,472 E.

Remiremont, mit 5735 E.

Neufchateau, mit 3793 E.

Von dem Departement der Meurthe kommen in Betracht die Arrondissements:

1) Nanzig, mit 3 Kantons, 183 Gemeinden und 151,382 E.

2) Lüneville, mit 8 Kantons, 145 Gemeinden und 84,393 E.

3) Toul, mit 5 Kantons, 119 Gemeinden und 60,987 E., überhaupt also 451 Gemeinden mit 296,742 E.

Größere Städte sind: 50,000 E., — Lüneville, 15,184 E., — Toul, 7410 E.

Die Gesammt-Einwohnerzahl der dem Gouvernement Lothringen unterstellten Gebietstheile beträgt hiernach 1,081,904.

Die Größe beträgt 319,5 QM., wovon auf das Departement Maas 135,1 QM., Vogesen 110,4 QM., Meurthe 74 QM. fallen.

Die neue Eintheilung ist selbstredend nur eine provisorische. Die definitive wird erst der Friedensschluß bringen, weßhalb wir bei Beleuchtung dieser Provinz der alten Einrichtung zu folgen für gerathen hielten.

Der Weg nach Paris.

Der Weg nach Paris führt durch die Provinzen Champagne und Isle de France. In letzterer Provinz liegt Paris.

Die Champagne,

zwischen den Provinzen Isle de France und Lothringen gelegen, über 30 Meilen lang und eben so breit, ist mit Ausnahme des nördlichen Theils, worin der Ardenner-Wald, flach und eben. Die Ufer der Flüsse sind meistens fruchtbar, besonders die nach Paris zu gelegene Gegend, la Brie genannt; der untere Theil der Provinz hingegen ist schlecht bewässert und ohne Holz, und wird wegen seiner Unfruchtbarkeit und des Schmutzes der Einwohner im Lande selbst la Champagne pouilleuse, d. h. die Laufe-Champagne genannt; die Einwohner (Champenois) stehen im Rufe der Dummheit.

Der berühmte Wein dieser Provinz wächst nur in einem kleinen Theile derselben, vorzüglich an dem nördlichen Ufer der Marne bis in die Gegend von Rheims, der edelste in der Nähe von Epernay, Ay und Sillery an der Marne. Man unterscheidet weißen und rothen, letzterer heißt auch Oeil de perdrix, ferner mousseux und non mousseux. Im Auslande ist ersterer, der Schaumwein oder Sekt, der beliebteste und wird dadurch erhalten, daß man die Gährung in den Flaschen unterbricht und diese dann durch einen Stöpsel und Drath fest verschließt.

Alle diese Sorten sind an Ort und Stelle fast eben so theuer als bei uns; nur sehr kleine Distrikte erziehen den guten Wein und er geräth oft nicht; die Trauben müssen sorgfältig ausgelesen werden und oft springen die Flaschen.

Zum Glück bedürfen wir des französischen Champagners jetzt kaum noch. Schaumwein von gleicher Güte wird jetzt in Deutschland aus Rhein- und Moselwein, ja selbst aus Naumburger und Freiburger in großer Menge fabricirt.

Die Flüsse der Champagne, Aube und Marne, sind Nebenflüsse der Seine; über die Seine aber berichten wir das Nöthigste in dem Kapitel Isle de France.

Die Champagne ist eingetheilt in vier Departements:

   1) Departement der Aube,
   2) » der Marne,
   3) » der Ober-Marne,
   4) » der Arbennen.

1. Das Departement der Aube,

109 QM. mit 261,951 Einwohnern, zwischen den Departements Seine-Marne, Marne, Obermarne, Cote b'or und Yonne, ist eben, und im nördlichen Theile, wo die sogenannte Lause-Champagne liegt, unfruchtbar, im südlichen ergiebig.

Städte darin sind:

Troyes, 18 Meilen von Paris, 12 Meilen von Chalons, hat 35,678 E.

Arcis für Aube, 2784 E. Schlacht am 29. März 1814.

Nogent für Seine, 3641 E., an der Grenze von Isle de France.

Pont für Seine, 2000 E.

Bar für Aube, 4809 E. Schlacht am 27. Febr. 1814.

Brienne, 2080 E., früher mit Militärschule, in welcher Napoleon I. seine Bildung erhielt. Schlacht am 1. Februar 1814.

Clairvaux, Marktflecken mit ehemaliger Cisterzienserabtei.

Riceis, 3188 E. Weinbau.

Remilly für Seine, 4584 E.

2. Das Departement der Marne,

148 QM. mit 390,809 Einwohnern, liegt mitten in der Champagne. Daß hier die Hauptquelle des berühmten Champagnerweines ist, zeigen die Namen der folgenden Städte:

Chalons für Marne, 17,692 E., 20 Meilen von Paris, 86 Meilen von Straßburg, mit einem großen, stark befestigten Feldlager.

Mourmelon le grande, 5719 E., Dorf bei Chalons für Marne, hat ein kaiserliches Theater und Parkanlagen mit Denkmälern. Früher unbedeutend, hat es sich durch die in der Nähe gehaltenen großen Feldlager und von Napoleon III. reichlich unterstützt zu großer Blüthe entwickelt.

Rheims, 60,734 E., 18 Meilen von Paris, wo früher die Könige von Frankreich gekrönt wurden. Einzug des Königs am 5. Sept. 1870. Rheims ist eine der ältesten Städte und ansehnlichsten Manufactur-städte Frankreichs, am Flusse Vesli in einer mit Anhöhen umgebenen Gegend. Die Stadt hat breite Straßen, eine schöne gothische Dom-kirche, ein Rathhaus mit einer sehr schönen Façade, den schönen Königsplatz und einige römische Alterthümer, darunter ein Triumph-bogen. Der in dem Arrondissement von Rheims gezogene Champagner-wein ist der vorzüglichste.

Sillery, Dorf von 600 E., mit einem Schlosse, dessen pracht-volle Weinkeller den allervorzüglichsten Champagner enthalten.

Ai oder **Ay**, 3573 E., Marktflecken; großer Weinhandel.

Epernay, an der Marne, 11,704 E., 3½ Meilen von Rheims.

La Fère champenoise, 2012 E., an der Pleurs. Schlacht am 25. März 1814.

St. Menehould, 4326 E., an der Disne.

Vitry, 7852 E., an der Marne.

Vienne la Château, 1800 E., Marktflecken.

Montmirail, 2500 E., Mineralquellen, Schloß Rochesaucould.

Sezanne, 4389 E., an der Aubes.

3. Das Departement der Ober-Marne (Haute Marne),

113 QM. groß mit 250,000 Einwohnern, besitzt folgende Städte:

Chaumont, 8285 E., Festung, Eisengruben und Eisenhämmer, liegt östlich 10 Meilen von Troyes.

Nogent le Roy, 3550 E., an der Treire.

Langres, 8320 E., nicht weit von den Quellen der Marne, 1332 Fuß über dem Meeresspiegel.

Bourbonne les Bains, 4053 E., mit großem Militärhospital.

Vassy, 315 E., 70 Meilen von Chaumont, an der Blaise.

St. Dizier, 10,170 E., an der Marne.

Joinville, 3895 E., an der Marne.

4. Das Departement der Ardennen

hat eine schreckliche Berühmtheit erlangt durch die furchtbare Schlacht bei Sedan, in welcher die ganze französische Armee unter Mahon, 150,000 Mann stark, nebst dem Kaiser Napoleon selbst gefangen genommen wurde.

Das Departement der Ardennen, 95 QM. mit 326,864 E., ist, wie sein Name sagt, von den Ardennen durchzogen, und hat daher viel Wald, Wiesen und Eisenerz; die sehr rege Industrie, deren berühmter Mittelpunkt Sedan ist, schafft Tuche, Shawls, Merinos u. dgl.

Eingetheilt ist es in 5 Arrondissements:
1) Mezières, 2) Rethel, 3) Sedan, 4) Vouziers, 5) Rocroy. Es enthält 478 Gemeinden.

Das Arrondissement Sedan, welches vorzugsweise unsere Aufmerksamkeit an sich zieht, umfaßt 79,142 Hektare mit 68,297 E. in 4 Kantons und ist folglich etwa so groß wie zwei preußische Kreise, oder wie das Fürstenthum Schwarzburg-Sondershausen.

Städte darin sind:

Sedan, Festung, an der Maas, welche hier schiffbar wird, nicht weit unterhalb der Mündung des Chiers, mit 15,198 E., einer Calvinistischen Kirche, einem Civil- und Handelstribunal, einem College, d. h. Lehranstalt für Geometrie und industrielle Mechanik, einer öffentlichen Bibliothek, Buchdruckerei, Rathskammer für Manufacturen, einem Sachverständigen Rath, einer Hypothekenbank, Citadelle mit Arsenal, einem alten Schloß, wo Türenne geboren wurde, dessen Standbild vor dem Rathhause steht, mit berühmten Fabriken für seine Tuche, Wollenzeuge, Kastorin und Kasimir, für Maschinen, Wollspinnereien, Gerbereien, Bierbrauereien und sehr bedeutendem Handel. Schlacht am 1. Sept. 1870.

Mezières, 5818 E. Festung an der Maas, am 2. Jan. 1871 von den Deutschen erobert.

Charleville, 11,244 E., mit einer großen Gewehrfabrik.

Le Chêne populeux, 1200 E. Marktflecken.

Rethel, 7400 E., an der Aisne und dem Ardennen-Kanal.

Rocroy, 2998 E., Festung, unweit der belgischen Grenze, am 4. Jan. 1870 durch Handstreich genommen.

Grandpré, 1980 E., an der Acre. Schlacht am 14. Sept. 1792. Hauptquartier des Königs am 29. August 1870.

Vouziers, 3073 E., an der Aisne.

Attigny, 1500 E., an der Aisne und dem Ardennen-Kanal.

Mouzon, 2288 E.

Château Regnaud, 1800 E.

Château Pocien, 2200 E., an der Aisne, mit einem Felsenschloß.

Beaumont, kleine Stadt, 3 Meilen nördlich von Sedan. Schlacht am 29. August 1870.

Carignan, Stadt am Chier und an der Eisenbahn von Montmedy nach Sedan, am 31. August 1870 von den Deutschen besetzt.

Boncq, Dorf auf einer Anhöhe zwischen Vouziers und Attigny, am 29. August 1870 von preußischen Husaren erstürmt.

Bazeilles, 1388 E., mit Eisenhammer, Drathzieherei, groben Kurzwaaren, Wollspinnerei, ging nebst dem Städtchen Balan und Remilly in der Schlacht bei Sedan in Feuer auf.

Douzy, Dorf von 930 E., bei welchem die Schlacht von Sedan am 1. Sept. 1870 begann. Wollspinnerei, Eisenhammer, Tuchfabriken.

Armilly und Brevilly, Dörfer, etwa 5 Meilen von Carignan, in der Richtung auf Sedan. Schlacht am 31. August 1870.

Vendresse, Gionell, Lamoncel, Dörfer in der Nähe von Sedan.

Chechery, 200 E., Dorf.

Daigny, 431 E., Fabriken von Waffen und Ackergeräthen. Wollspinnerei.

Die Provinz Isle de France

besteht aus fünf Departements:

1) Depart. der Aisne (Hptst. Laon), nordöstl. noch vor Paris,
2) » der Oise (Hptst. Beauvais), nördl., seitw. von P.,
3) » der Seine und Oise (Hptst. Versailles), hinter P.,
4) » der Seine und Marne (Hptst. Melun), vor Paris,
5) » der Seine (Paris).

1. Das Departement der Aisne

umfaßt 133,52 QM. mit 565,025 Einwohnern und wird getheilt in 5 Arrondissements und 37 Kantons.

Städte darin sind:

Laon, (spr. Lang), 10,268 E., Festung auf einem in der Ebene ganz isolirt liegenden schroffen Kalkfelsen, 15 Meilen nordöstlich von Paris. Schlacht am 9. und 10. März 1814. Am 8. Sept. 1870 von Deutschen cernirt, capitulirt am 10. und wird nach Einmarsch der Deutschen in die Luft gesprengt. Laon liegt auf einem vereinzelten, etwa 180 Metres hohen Hügel, welcher den Ardon, einen Zufluß der Ailette, beherrscht. Es ist der Kreuzungspunkt von vier Eisenbahnen, deren zwei nord- und südöstlich aus Belgien und von Rheims kommen, während die beiden anderen westlich nach Tergnier (Namur, Amiens, Paris) und nach Soissons (Paris) weiter führen; außerdem sammeln sich in Laon die Straßen von Montcornet, Vervins, Crecy für Serre, Crepy, Chauny, Couch, Bailly, Fismes und Rethel, so daß es einer der wichtigsten Punkte für die auf Paris zu operirenden Heere ist. Von dieser Stadt liegt es auf dem Wege über Soissons 140, über Tergnier 158 Kilometer entfernt. Laon war ein Kriegsplatz zweiten Ranges und Sitz der 2. Subdivision der 4. Militärdivision (Chalons) des II. Armeecorps (Lille), sowie zweier Gendarmeriebrigaden zu Pferde und einer zu Fuß; ferner hatte eine große Zahl gerichtlicher, wissenschaftlicher, landwirthschaftlicher und Verwaltungsbehörden dort ihren Sitz. In mercantiler Beziehung ist es der Mittelpunkt des Handels für die Gewebe von Saint-Quentin, die Eisenwaaren von Folembray und für die Erzeugnisse der eigenen Wollen-, Tuch- und Zuckerfabriken.

Crepy oder Crespy, 1400 E.

Craonne, 900 E., 3 Meilen südöstlich von Laon. Schlacht am 7. März 1814.

La Ferté Milan, 2000 E., am Ourcq, 8 Meilen von Paris.

Chauny, 9080 E., an der Oise, und an der Eisenbahn von Brüssel nach Paris. Von den Deutschen besetzt am 11. Sept. 1870.

Soissons, 11,000 E., an der Aisne, 12 Meilen nordöstlich von Paris. Festung am 16. Oct. 1870 vom Großherzog v. Mecklenburg erobert.

Dreux, 7237 E., an der Blaise, 7 Meilen westlich von Versailles.

Chateau Thierry, 5600 E., an der Marne und an der Eisenbahn von Chalons nach Paris, Hauptort des gleichnamigen

Arrondissements, hat bedeutende Fabriken in musikalischen und mathe-
matischen Instrumenten, starken Handel in Landesprodukten. Am
11. Sept. 1870 von den Preußen besetzt.

2. Das Departement der Oise,

106,33 QM. und 401,274 Einw., enthält folgende Städte:

Beauvais, 15,307 E., liegt 10 Meilen nordwestlich von Paris,
10 Meilen östlich von Rouen, am Therain.

Méru, 3008 E., drei Meilen südlich von Beauvais.

Clermont, 5743 E., an der von Paris nach Amiens führenden
Eisenbahn.

Breteuil, 2942 E.

Mouy, 3809 E., südöstlich von Beauvais.

Compiègne, 12,150 E., an der Oise und an der Nordbahn,
mit schönem Schloß, oft Sommeraufenthalt des Hofes, in der Nähe
eines Waldes mit starkem Wildbestande. Hauptstadt des gleichnamigen
Arrondissements.

Noyon, 6498 E., an der Oise und an der Nordbahn.

Sanleuci, Dorf mit 1000 E., wo alljährlich am 8. Juni
Prämien an tugendhafte Jungfrauen vertheilt werden.

Charlepont, Dorf bei Noyon, von den Deutschen erreicht am
12. Sept. 1870.

Senlis, 5879 E., an der Nonnette.

Crepi oder Crespi, 2879 E., 3 Meilen süd-südöstlich von
Compiègne, nicht zu verwechseln mit der Stadt gleiches Namens im
Departement der Aisne.

Creil, 4953 E., an der Oise und Nordbahn.

Chantilly, 3322 E., an der Nonnette.

3. Das Departement der Seine und Oise,

101,7 QM., 533,727 Einwohner, zieht sich rings um das
Departement der Seine, folglich um Paris. Es enthält die
meist sehr berühmten Städte:

Versailles, 44,021 E., ist für Paris, was für Berlin Potsdam
ist. Die regelmäßig und sehr schön gebaute Stadt liegt 2 Meilen südwestlich von Paris, und ist mit dieser Stadt durch zwei Eisenbahnen,
rechts und links der Seine, verbunden. Großes Schloß, Park u. dgl.
Im Umkreise der Parkanlagen liegen Grand-Trianon und Petit-
Trianon, schöne Lustschlösser.

St. Cyr l'Ecole, 2308 E., Dorf bei Versailles, hat seinen Namen von einer von der Frau von Maintenon gegründeten weiblichen Erziehungsanstalt, welche aber jetzt in eine Kriegsschule umgewandelt ist.

St. Germain en Laye, 17,478 E., am linken Ufer der Seine. Eisenbahn nach Paris.

St. Cloud, 5248 E., am linken Ufer der Seine, Boulogne gegenüber. Schloß.

Sèvres, 6754 E., Dorf mit berühmter Porzellanfabrik.

Rueil, 7092 E., Dorf mit einem Schloß.

Meudon, 5417 E., Dorf mit Schloß, wo die Kaiserin Marie Louise 1812 mit ihrem Sohn, dem König von Rom, wohnte.

Poissy, 4973 E., Stadt an der Seine.

Etampes, 8228 E., Stadt am Juin, 8 Meilen südwestlich von Paris.

Corbeil, 5541 E., Stadt an der Seine. Hauptort des gleichnamigen Arrondissements. Die dortige Brücke am 12. Sept. 1870 von den Franzosen gesprengt.

Longjumeau, 2317 E., Dorf.

Mantes, 5345 E., Stadt an der Seine und an der Eisenbahn nach Rouen, 8 Meilen von Paris.

Pontoise, 6287 E., Stadt an der Oise, 3 Meilen von St. Denis.

Montmorency, 3126 E., Stadt, welche von den Parisern wegen ihrer schönen Lage viel besucht wird.

Rambouillet, 3971 E., mit großem Park und Schloß, 3 Meilen südwestlich von Versailles.

Noisy le Grand, 1171 E., Dorf im Arrondissement Pontoise.

4. Das Departement der Seine und Marne

ist 104,18 QM. groß und hat 354,000 Einwohner. Darin:

Melun, 11,408 E., 5 Meilen süd-südöstlich von Paris, an der Seine und der nach Dijon führenden Eisenbahn.

Brie-Comte-Robert, 2792 E., Stadt am Yères, 2 Meilen nördlich Melun.

Nangis, 2542 E., Schlacht am 17. Febr. 1814.

Nemours, 3902 E.

Fontainebleau, 10,787 E., an der Seine, 8 Meilen südlich von Paris. Schloß mit englischem Garten, Wildpark.

La Ferté sous Jouarre, 4800 E., am Einfluß des Morin in die Marne, liegt 66 Kilometer (8¾ Meilen) von Paris. Von den Deutschen erreicht am 11. Sept. 1870.

La Ferté Gaucher, 7356 E., am großen Morin. Deutsche darin am 11. Sept. 1870.

Provins, 7229 E., Hauptort des gleichnamigen Arrondissements, von den Deutschen erreicht am 12. Sept. 1870.

Meaux, 9000 E., Hauptort des gleichnamigen Arrondissements, an der Marne, 6 Meilen von Paris (12. Sept. 1870.)

Crecy für Morin, 1052 E., Stadt im Arrondissement Meaux.

5. Das Departement der Seine

ist blos 8,64 QM. groß, hat aber gleichwohl 2,150,000 E. Außer Paris, dem wir ein eigenes Kapitel widmen, finden wir in diesem Departement folgende Städte:

Boulogne, 17,343 E., am rechten Ufer der Seine, westlich von Paris, der vorzüglichste Vergnügungsort der Pariser, mit reizendem Park, vielen Landhäusern, zwei künstlichen Seen, einer Rennbahn für Reiter, Aquarium u. s. w.

Neuilly, 17,545 E., westlich von Paris, nördlich von Boulogne, mit vielen Gärten und Landhäusern.

Courbevoie, 9862 E.

Clichy, 13,666 E., an der Seine nahe bei Neuilly.

St. Denis, 26,117 E., Begräbnißort der Könige von Frankreich, welchen Napoleon III. zu einer Begräbnißstätte für sich selbst und seine Familie bestimmt und ausgebaut.

Charenton, 6190 E., am Einfluß der Marne in die Seine.

St. Maur, 5621 E. Großer Park.

Vincennes, 14,573 E., mit Schloß, früher Staatsgefängniß, Artillerieschule, Waffensaal. In dem dortigen Schloßgraben war es, wo der Herzog von Enghien am 20. März 1804 auf Befehl Napoleons I. erschossen wurde.

Gentilly, 8870 E., südlich von Paris, Pflegehaus für Greise und Geisteskranke.

Montrouge, 4809 E., mit Erziehungsanstalt.

Bourg la Reine, 2269 E., Dorf mit Porzellanfabrik.

Sceaux, 2578 E.

Ivry, Dorf mit 10,199 E.

St. Ouen, Dorf mit 1 Schloß.

Puteaux, 9428 E., Dorf, dem Boulogner Wäldchen gegenüber, in dessen Nähe der 600 Fuß hohe Mont Valérien mit einem starken Fort sich befindet.

Iſſy, 9204 E., mit vielen Landhäuſern und Fabriken, nahe an der Seine und der Feſtungslinie. Am 2. Juli 1815 gewann Blücher die Höhen von Iſſy, worauf am 3. Juli die Capitulation von Paris erfolgte. Auf dem Schlachtfelde befindet ſich jetzt das Fort Iſſy.

Paris und ſeine Befeſtigungen.
(1,825,274 Einwohner.)

Paris, lat. Lutetia d. h. Kothſtadt, hat ſeinen Namen von den Pariſiern, einem galliſchen Volksſtamm, die ſich hier, wie es ſcheint in einem Moraſte, anbauten, welcher freilich in zwei Jahrtauſenden zur prächtigſten Stadt der Welt emporgewachſen iſt.

Die Stadt liegt an beiden Ufern der Seine, 20 Meilen ſüdöſtlich von der Mündung dieſes Fluſſes in den Britiſchen Kanal, 126 Fuß über dem Meere, unter 48° 50′ nördl. Br. und 20° öſtl. L. von Ferro. Doch rechnen die Franzoſen die Länge nicht, wie wir, von Ferro, ſondern von der Pariſer Sternwarte, wonach alſo Paris unter 0° der Länge läge.

Unter den Einwohnern befinden ſich 100,000 deutſcher Abkunft, 25,000 Reformirte, 20,000 Lutheraner, 20,000 Juden, welche ſämmtlich jedoch mit den Katholiken gleiche Rechte haben.

Im 12. Jahrhundert erhielt Paris Mauern mit Gräben und ſtarken Thürmen. Ludwig XIV. ließ die Gräben ausfüllen und in Spaziergänge mit ſchönen Alleen verwandeln, die Boulevards.

Das 19. Jahrhundert ſchuf ein neues Paris. Enge, winklige, ſchmutzige, ungeſunde Straßen, alle Sackgaſſen verſchwanden; breite, gerade, regelmäßige Straßen wurden an ihre Stelle geſetzt. Schon unter Napoleon I. wurde dieſe Umwandlung begonnen, unter Ludwig Philipp fortgeſetzt, von Napoleon III. vollendet. Paris wurde dadurch nicht nur ſchöner und geſunder, ſondern auch leichter zu beherrſchen.

Von 1841 bis 1844 erhielt Paris eine Befestigung, bestehend aus einem 10 Meter hohen Walle, mit einem Aufwande von 140 Millionen Franks.

Eine neue Erweiterung erfolgte im J. 1860, indem 26 Städte und Dörfer mit ihren Feldfluren ganz oder theilweise in den Stadtbezirk aufgenommen wurden. Von 1852 bis 1859 wurden 18,000 Häuser weggerissen und in den Jahren 1866 bis 1868 weitere 5732. Die Zahl der Neubauten war größer, aber diese umfassen weniger Wohnungen als die älteren Häuser, weshalb viele Leute obdachlos wurden. Für Expropriationen zur Verlängerung der Rivolistraße wurden 126 Millionen Franks aufgewendet; bis Ende 1868 waren vom Staat und von der Stadt 2000 Millionen für Neubauten ausgegeben. Dafür aber mußten auch die Schulden der Stadt Paris auf 465 Millionen Franken, nahezu 124 Millionen Thaler, i. J. 1868 angegeben werden. Das Budjet der Stadt betrug schon damals in Einnahme und Ausgabe 241,653,612 Franks (etwa 65 Millionen Thaler).

Wie sehr diese Schuld und der ungeheure Bedarf an Geld die Einwohner von Paris drücken mag, kann man ermessen, wenn man bedenkt, daß das ganze blühende Königreich Sachsen nicht ganz 67 Millionen Thaler Schulden und wenig über 13½ Millionen Thaler Ausgaben hat.

Die Festungswerke von Paris.

Im »Mil. Wochenbl.« giebt der Topograph Vogel in Gotha folgende Beschreibung der Festungswerke von Paris:

Die Umwallung von Paris besteht aus einer befestigten Ringmauer, welche aus einer Militärstraße, Wall, Graben und Glacis gebildet ist. 85 fast gleichförmige Bastionen daran außer sonstigen Vorsprüngen sind bestimmt, das Vorterrain und den 35 Schritt breiten, durch Kanäle und die Seine unter Wasser zu setzenden Graben zu bestreichen. Die Escarpe ist mit einer Mauer bekleidet, welche von dem Glacis gedeckt wird. Die auf der inneren Seite laufende Militär-Verbindungsstraße ist gepflastert. Nahe und oft parallel derselben läuft die Ligne de Ceinture, welche alle in Paris einmündenden Eisenbahnen und deren 8 Bahnhöfe untereinander verbindet. 66 Thore, an welchen sich die Zollbureaus befinden, durchbrechen den Befestigungswall.

Außer der Festungsmauer und bis zu einer Entfernung von einer halben Meile liegen 15 detachirte Forts excl. Vincennes, die theilweise durch Verschanzungen und Redouten mit einander verbunden sind, und es ist der besseren Uebersicht wegen nöthig, dieselben in drei Abtheilungen vorzuführen.

1) Nordöstliche Linie. — Unbedingt der Hauptpunkt der ganzen äußeren Befestigung ist das nördlich vom Montmartre liegende St. Denis. Diese Stadt allein ist von drei großen Forts umgeben. Links, dicht an der nach Enghien und Montmorency führenden Eisenbahn und hinter der Stelle, wo der Kanal von St. Denis in die Seine geht, liegt das Fort de la Briche, nördlich und jenseits des Flüßchens Rouillon die Double couronne du Nord und südöstlich das Fort de l'Est.

Diese drei Werke unterhalten durch einen Wall nebst Graben Verbindung, und das Ganze wird durch eine leicht zu bewerkstelligende, von der Redoute de Stains gedeckte Inundation noch besonders stark, so daß man St. Denis ohne Weiteres als eine selbstständige Festung betrachten kann. 4400 Schritt südlich vom Fort de l'Est, und daher näher Paris, liegt gleichfalls in der Ebene das Fort d'Aubervilliers. Zwischen beiden geht die nach Soissons führende Eisenbahn hindurch, und dahinter läuft der Kanal von St. Denis. Die aus diesem ausgehobene Erde bildet vor dem Kanal eine Art Brustwehr, welche durch 3 Redouten verstärkt ist. In der weiteren Entfernung von 4200 Schritt jenseits des Kanals von Ourcq und der nach Straßburg führenden Eisenbahn, aber oben auf der Fortsetzung der Höhe Belleville über Pantin liegt das Fort de Romainville. Es ist von dem Hauptfestungswall nur 1800

Schritt entfernt. Von ihm läuft bergab nach dem Kanal von Ourcq eine Reihe Verschanzungen, während auf der anderen Seite desselben noch 2 Redouten die Uebergänge vertheidigen. Weiter östlich und südlich, immer auf der nach auswärts gerichteten Seite desselben Höhenzuges und fast parallel über der nach Mühlhausen gehenden Eisenbahn, folgen sich nunmehr die durch eine gepflasterte Straße verbundenen Werke: Fort de Noisy (3500 Schritt), Fort de Rosny (3200 Schritt) und Fort de Nogent (3800 Schritt). Hier endigt der bei Belleville beginnende Höhenzug, der ziemlich steil nach der darunter fließenden Marne abfällt. Zwischen den genannten Forts liegen in kleineren Intervallen nach derselben Reihenfolge noch die Redouten von Noisy, Montreuil, Boissière und Fontenay. Es bildet nun die fast 100 Schritt breite Marne einen weiteren natürlichen Defensivabschnitt, der indessen am Isthmus von St. Maur, da wo der Fluß überbrückt ist, durch eine 2800 Schritt lange Verschanzung, aus Brustwehr und Graben bestehend und an beiden Enden durch die Redouten Faisanderie und Gravalle flankirt, noch besonders befestigt ist. Hier geht auch die von Vincennes nach la Varenne eilende Eisenbahn vorüber. Alle die ebengenannten Festungswerke schließen fast halbkreisförmig das befestigte Schloß von Vincennes ein, in welchem sich das Hauptarsenal von Paris befindet, und dessen großer Artillerieschieß- und Manöverplatz südlich bis an die Marne reicht. Jenseits dieses Flusses, in dem Winkel, der durch die Vereinigung der Seine und Marne gebildet wird, bei Alfort, rechts der nach Lyon führenden Eisenbahn, liegt das Fort de Charenton, und mit demselben schließt die erste Vertheidigungslinie. Dieselbe ist noch dadurch besonders stark, daß der umschlossene Raum sich zu einem verschanzten Lager eignet, in welchem mit Leichtigkeit 200,000 Mann campiren können.

2) Südliche Linie. Gegenüber dem Fort de Charenton in 4000 Schritt Entfernung, auf der linken Seite der Seine beginnt die südliche Befestigungslinie mit dem etwas erhöht

liegenden Fort d'Jvry. In fast gerader Linie von Osten nach
Westen folgen sich in fast gleichen Abständen von durchschnittlich 3000 Schritt die Forts de Bicêtre, de Montrouge, de
Vanves und d'Jssy. Das letztere liegt etwa 50 Fuß über die
hier wieder aus dem Stadtgebiet tretende Seine. Zwischen
denselben gehen die Eisenbahnen nach Limours, resp. Sceaux,
und die nach Versailles (route gauche) hindurch. Die drei
letztgenannten Werke werden nach Einführung der gezogenen
Geschütze, an welche man bei Anlage derselben noch nicht ge-
dacht, durch die dahinter liegenden Höhen von Bagneux und
Meudon beherrscht.

3) Westliche Linie. Diese Linie ist von Natur besonders
stark, indem die Seine bei Meudon und Sevres in nördlicher
und nordöstlicher Richtung bei St. Cloud, Boulogne, Suresnes,
Tuteaux, Courbevoi (Kaserne), Neuilly, Asnières, Clichy und
St. Ouen vorbei, welche Orte rechts und links derselben liegen,
sich nach St. Denis wendet. Zwischen dem Strom und der
Stadt liegt das berühmte Bois de Boulogne. 5 Brücken führen
auf der angegebenen Strecke über die Seine und bei dem
Bahnhof Asnières auf dem linken Ufer vereinigen sich die von
Dieppe, aus der Normandie, von St. Germain und von Versailles (route droite) kommenden Eisenbahnen, um gemein-
schaftlich in einem breiten Strang den Strom zu übersetzen.
Nur ein einziges Fort, aber das größte und stärkste von allen,
die Forteresse de Mont Valérien, das hoch oben, 415 Fuß
über der Seine liegt, und von welchem aus man eine prachtvolle Aussicht auf Paris hat, beherrscht die ganze Gegend. Eine
gepflasterte Straße verbindet den Mont Valérien vermittelst
einer Brücke von Suresnes mit dem Bois de Boulogne. Seine
Entfernung von dem nächstliegenden Fort bei St. Denis beträgt in gerader Linie 16,500 Schritte, also beinahe 1³/₄ Meilen, und vom Fort d'Jssy 10,000 Schritte oder eine Meile,
und es ist ersichtlich, daß das Befestigungssystem hier eine
große Lücke zeigt. Hierauf scheint sich auch der Rapport des

Kriegsministers Dejean an die Kaiserin vom 8. August zu beziehen, worin gesagt wird, daß das Specialcomité zur Ar-
mirung der Pariser Festungswerke constatirt habe, daß eine
wichtige Lücke in der Vertheidigungslinie enthalten sei, »die
Arbeiten zur Ausführung gewisser Werke, deren Projekte schon
festgestellt sind, werden schon morgen beginnen.« »Le Soir«
und »Constitutionnel« sind so indiskret, diese »wichtige Lücke«
als auf der Seite des Thales der niederen Seine liegend,
näher zu bezeichnen, und fügen hinzu, »daß zwischen dem Mont
Valerien und den Coteaux von Meudon ein großes Werk gebaut werden soll, das die Thäler von Sevres und Ville
d'Avray beherrscht; der Punkt, der gewählt wurde, ist Mont-
retout.« Derselbe liegt unmittelbar über dem Bahnhof von
St. Cloud.

Hiermit ist die Reihe der Befestiguugen geschlossen, und
wir geben zum Schluß noch einige darauf bezügliche Dimensio-
nen. Die größte Entfernung ist zwischen dem Mont Valerien
und Fort de Nogent vorhanden. Sie fällt so ziemlich mit dem
Parallel zusammen und beträgt 27,000 Schritt = 2³/₄ Meilen,
während in der Richtuug des Meridians die größte Entfernung
zwischen St. Denis und Fort de Bicêtre = 20,000 Schritt
oder 2 Meilen beträgt. Die Umfassungslinie, welche entstehen
würde, wenn man alle Außenforts mit einander verbunden
denkt, beträgt 7,4 Meilen = 12¹/₃ Wegestunden. Es bleibt
nur noch zu bemerken, daß sämmtliche Außenforts bastionirt
sind. Außerdem haben diejenigen von Noisy, Rosny und Nogent Hornwerke vor sich. Die Escarpen und Contreescarpen
sind so hoch wie bei der Umwallung der Stadt. Bedeckte Wege
mit gemauerten Laufgräben und bombenfeste Pulvermagazine
sind überall vorhanden. Sämmtliche Forts sind unter sich und
mit Paris durch den Telegraphen verbunden.

Nach Vorstehendem zu urtheilen, unterliegt es wohl keinem
Zweifel, daß Paris die größte, aber auch wohl eine der stärksten
Festungen der Welt ist. Ihre Belagerung würde zunächst ein

ungeheures Heer erfordern, und es mag beispielsweise erwähnt sein, daß eine einfache Linie von Soldaten, die sich in Kanonenschußweite und parallel von den Außenbefestigungen aufstellen wollte, Schulter an Schulter, nicht weniger denn 96,000 Mann erfordern würde. Dahingegen ist auf der andern Seite zu beachten, daß die Besatzung von Paris verhältnißmäßig eben so groß sein müßte, daß es ferner ein wenigstens bis jetzt ungelöstes Problem ist, eine eingeschlossene Bevölkerung von über 2,000,000 Seelen auch nur auf einen Monat im Voraus ausreichend zu verproviantiren, und daß die zu Emeuten geneigten Pariser und die Treue des französischen Heeres bei besonderer Veranlassung gar nicht zu berechnen sind.

Das Nöthigste über Frankreich.
(9850 □M., 38,067,600 E.)

Kaiser: **Napoleon III.**, geb. 20. April 1808.
Kaiserin: **Eugenie**, Gräfin von Montijo.
Kaiserl. Prinz: Napoleon Eugen Ludwig Johann Joseph, geb. 16. März 1856.

Der Kaiser Napoleon.

Louis Napoleon ist der dritte Sohn des Königs Ludwig Bonaparte von Holland, und der Königin Hortense Beauharnais.

Nach der zweiten Restauration der Bourbonen folgte Napoleon seiner Mutter in die Verbannung, erst nach Konstanz, dann 1816 nach Arenenburg.

Von 1816 bis 1824 war er 8 Jahre lang auf dem Gymnasium zu Augsburg.

Durch die Bewegung des Jahres 1830 wurde Napoleon zuerst in das öffentliche Leben hineingezogen, indem die Unzufriedenen in Italien mit den Napoleoniden anzuknüpfen suchten.

Am 28. Oct. 1836 versuchte er einen Aufstand in Straßburg, wurde aber verhaftet und am 10. Nov. nach Paris
abgeführt.

Anfang März 1837 wurde er nach Amerika verbannt,
von wo er jedoch nach wenigen Monaten zurückkehrte und sich
in die Schweiz begab und von da nach London ging.

Am 6. Aug. 1840 versuchte er mit etwa 50 Mann sich
in den Besitz des Thrones von Frankreich zu setzen und
landete bei Boulogne, wurde aber gefangen genommen.

Am 7. Oct. wurde er, zu lebenslänglichem Gefängniß ver-
urtheilt, nach der Citadelle Ham im Departement Somme abgeführt, wo er 6 Jahre als Gefangener saß.

Am 25. Mai 1846 entwich er in der Verkleidung eines
Arbeiters aus der Citadelle, und kehrte wieder nach London
zurück.

Im Februar 1848, als er die Nachricht erhielt, daß in
Paris die Revolution ausgebrochen, eilte er sofort dahin, um,
wie er verkündete, unter die Fahnen der Republik zu treten.

Am 10. Dezember 1848 wurde Napoleon mit einer Mehr-
heit von 6,000,000 Stimmen zum Präsidenten der französischen
Republik gewählt.

Im April 1849 sandte Napoleon eine Expedition nach
dem Kirchenstaat, um die päpstliche Gewalt wieder herzustellen.

Am 2. Dez. 1851. Der Staatsstreich. Aufstand in Paris
durch Militärgewalt bultig unterdrückt. Verhaftungen, De-
portationen.

11. Juni 1852. Die neue Consularverfassung verkündet,
mit unbeschränkter monarchischer Gewalt. Die Civilliste auf
12 Mill. Fr. festgesetzt. Die Familie Orleans ihrer Güter
beraubt.

2. Dez. 1852. Napoleon als Kaiser proclamirt. — Civilliste
25 Mill. Fr.

29. Jan. 1853. Vermählung mit Eugenie, Gräfin von
Montijo.

1853 bis 1856. Orientkrieg.

30. März 1856. Pariſer Frieden. Frankreich die erſte Großmacht Europas.

12. Aug. 1857. Stiftung der St. Helena-Medaille.

14. Jan. 1858 Orſinis Attentat.

3. März 1859. Kriegserklärung gegen Oeſterreich.

4. Juni 1859. Schlacht bei Magenta.

24. Juni 1859. Schlacht bei Solferino.

11. Juli 1859. Friede von Villafranca. Oeſterreich tritt die Lombardei an Napoleon ab, dieſer verſchenkt ſie dem König Victor Emanuel.

24. März 1860. Sardinien annectirt Mittelitalien und tritt dagegen das Herzogthum Savoyen und die Grafſchaft Nizza an Napoleon ab.

1862 und 1863. Mexico erobert.

10. April 1864. Erzherzog Maximilian wird Kaiſer von Mexico, als ſolcher aber gefangen und erſchoſſen.

3. Juli 1866. Schlacht bei Königsgrätz. Napoleon vermittelt zwiſchen Preußen und Oeſterreich. Dieſes überläßt ihm Venetien und das Feſtungsviereck, welches Napoleon an Italien abgiebt.

15. Juli 1870. Kriegserklärung an Preußen. Enthüllung der ſchändlichen Abſichten Napoleons.

5. Auguſt 1870. Napoleon ſteckt Saarbrücken in Brand.

4. Auguſt 1870. Schlacht bei Weißenburg.

6. Auguſt 1870. Schlacht bei Wörth.

14. 16. und 18. Auguſt 1870. Schlachten bei Metz.

Am 30. Auguſt finden wir Napoleon bei Mac Mahons Armee in Sedan.

1. September. Schlacht bei Sedan.

2. September. Napoleon gefangen.

5. September. Ankunft auf Wilhelmshöhe. Wird umgeben von Seiten unſeres Königs mit kaiſerlichen Ehren.

Lage und Grenzen.

Frankreich hat einen Flächeninhalt von 9850 QM. und eine Bevölkerung von 38,067,000 E.

Verglichen mit Deutschland (ohne Oesterreich) umfaßt es 300 QM. mehr als dieses, hat aber 630,344 E. weniger.

Es erstreckt sich von Norden nach Süden vom 51° 5' bis 42° 20' nördlicher Breite und vom 20° 50' bis zum 25° 55' östlicher Länge. Sein südlichster Punkt fällt in die Ostpyrenäen, sein nördlichster liegt bei Dünkirchen.

Der westlichste Punkt ist Pointe Mathieu an der Westspitze von Bretagne, der östlichste im Unter-Elsaß bei Lauterburg.

Hinsichtlich des Klima kann man in Frankreich drei Gürtel unterscheiden:

Das nördliche Frankreich ist dem südlichen Deutschland sehr ähnlich. Die mittlere durchschnittliche Jahreswärme ist dort, wie hier, 8 Grad, der Winter, mit Schnee oder kaltem Regen, wird zu 6 Monate angenommen, Eis ist selten. Die westliche Meeresküste hat durchschnittlich mehr Regen als das Binnenland.

Die mittlere Zone, zu beiden Seiten der Loire, hat nur 4 bis 5 Monate Winter.

Im südlichen Frankreich folgt auf einen langen heißen Sommer ein trockener, dann ein feuchter Herbst, welcher die Stelle des Winters vertritt. In geschützten Lagen am Mittelmeere zeichnen sich mehrere Gegenden durch milde Winter aus, wie z. B. die Kurorte Hyères, Cannes, Nizza und Mentone.

Frankreichs Grenzen sind:

gegen Norden: Belgien, Luxemburg, die preußische Rheinprovinz (Reg. Bez. Trier), die bairische Rheinpfalz;

im Osten: der Rhein, welcher von Basel bis Lauterburg Frankreich von Baden trennt*), die Schweiz und das Königreich Italien (Piemont und Genua);

---

*) Hoffentlich wird diese Angabe recht bald eine falsche werden.

gegen Süden: das mittelländische Meer und Spanien;

gegen Westen: das atlantische Meer;

gegen Nordwest: der britische Kanal oder La Manche und die Straße von Calais, welche, 4 Meilen breit, England von Frankreich trennt.

Die Grenzlinie gegen Spanien ist 60 Meilen lang, die gegen Deutschland, Belgien und Holland mißt 256 Meilen. Am atlantischen Meere besitzt Frankreich 210 Meilen Küsten, am mittelländischen Meere 65 Meilen.

(Deutschland hat an der Ostsee 166 Meilen Küsten, am atlantischen Ocean etwa 60 Meilen.)

Für den Welthandel ist Frankreich bei weitem günstiger gelegen als Deutschland. Wir finden daher hier sehr bedeutende Handelsplätze, namentlich

　　a) am Mittelmeer:

　　　　Marseille und Toulon,

　　b) am atlantischen Ocean:

　　　　Havre de Grace,

　　　　Cherbourg,

　　　　Calais,

　　　　Brest.

Berge und Ebenen.

Die Oberfläche des Landes ist in den nach Deutschland, Belgien und Holland zu gelegenen Gegenden Tiefland, streckenweise wellenförmiges Hügelland, welches sich in der Bretagne zu 1000 Fuß hohen Bergen erhebt.

An der Grenze, gegen Spanien und in dem ganzen östlichen Frankreich, besonders wo es an Italien und die Schweiz grenzt, erheben sich hohe Gebirge, welche von da weiter in das Innere bringen und den größten Theil des östlichen Frankreichs zu einem Gebirgslande machen.

Das südlichste Gebirge sind die Pyrenäen, welche nicht nur die natürliche, sondern auch die staatliche Grenze zwischen

Frankreich und Spanien bilden. Auf französischem Gebiet ragt hier der Montperdu 10,482 Fuß, der Vignemale 10,326 Fuß, der Marboré 10,374 Fuß, der Pic du midi d'Ossau 9185 Fuß hoch empor. Der Pic d'Anethou, die höchste Spitze der Pyrenäen, 10,722 Fuß, gehört theils zu Frankreich, theils zu Spanien.

Jenseits der Rhone breiten sich Aeste der Alpen aus, nämlich die Cottischen Alpen mit dem 13,236 Fuß hohen Pelvoux de Vallouise, dem höchsten Berge Frankreichs, dem 12,342 Fuß hohen Olan und dem 11,058 Fuß hohen Mont Genèvre.

Aus dem Saonethale und dem flachen Hügellande, welches an der oberen Ill die nordwestlichen Abfälle des Jura bildet, erhebt sich der steile Südrand der Vogesen oder des Wasgaugebirges und zwar sogleich zu dessen höchsten Bergen. Diese liegen um die Moselquellen und sind der Ballon von Sulz oder Gebweiler (4400 F.) und der Bärenkopf (4300 F.).

Das obere Moselthal theilt das Wasgaugebirge in zwei Haupttheile, den westlichen, welcher sich gegen die Quellen der Maas zu den sogenannten Sichelbergen senkt, und den östlichen, welcher den langen Gebirgszug zwischen Lothringen und dem Elsaß bildet, indem er steiler nach dem Rheinthale abfällt und beim Ursprunge der Lauter sich an das Haardtgebirge in Deutschland anschließt. Die Vogesen zwischen Elsaß und Lothringen sind daher ein deutsches Gebirge, und wir wollen hoffen, daß sie, in Folge der neuesten Siege der Deutschen über die Franzosen, wieder zu Deutschland kommen.

Flüsse und Kanäle.

Frankreich zählt eine große Menge von Flüssen und Bächen, von welchen viele, zusammen auf mehr als 1100 Meilen Länge, schiffbar sind, und in Verbindung mit den zahlreichen Kanälen den Handel und die Gewerbe kräftig unterstützen.

In das atlantische Meer ergießen sich:

1) Der Abour. Derselbe entspringt in den Pyrenäen und ergießt sich unweit Bayonne ins Meer.

2) Die Garonne entspringt ebenfalls in den Pyrenäen, nimmt rechts den Tarn, den Lot und die schiffbare Dordogne auf, und heißt nach der Vereinigung mit dieser unterhalb Bordeaux Gironde, die sich zu einem wahren Meerbusen erweitert.

3) Die Loire, deren Stromgebiet den vierten Theil von ganz Frankreich einnimmt, entspringt in den nördlichen Sevennen, nimmt rechts die Mayenne mit dem Loir und der Sarthe, links den Allier, den Cher und die Vienne auf und ergießt sich unterhalb Nantes ins Meer.

In den Kanal ergießen sich:

1) Die Seine, welche an der Côte d'ôr entspringt, rechts die Aube, die Marne und die Oise mit der Aisne, links die Yonne und Eure aufnimmt und sich bei Havre de Grace ins Meer ergießt.

2) Die Somme in der Picardie, welche sich nach kurzem Laufe in den Kanal ergießt.

In die Nordsee fließen (aber nur zum Theil zu Frankreich gehörend):

1) Die Schelde, welche sich in Belgien mit der auch in Frankreich entspringenden Lys vereinigt; beide sind innerhalb Frankreich unbedeutend. Erst in Belgien wird die Schelde größer, indem sie sich unterhalb Antwerpen in zwei Arme theilt.

2) Die Maas entspringt in Lothringen, wird erst außerhalb Frankreich bedeutend und verbindet sich kurz vor ihrer Mündung mit dem Rhein.

3) Der Rhein bildet in seinem mittleren Laufe ein Zeit lang die Grenze zwischen Deutschland und Frankreich. Naturgemäß dürfte er kein deutscher Grenzfluß, sondern ein ganz

6*

deutscher Fluß sein und wird das hoffentlich auch wieder werden, wenn das Elsaß, ein von Deutschen bewohntes Land, mit Deutschland wieder vereinigt wird.

In das Mittelmeer ergießt sich:

1) Die Rhone, welche in der Schweiz unweit der Rhein= quellen entspringt, und nachdem sie den Genfersee durchströmt hat, in Frankreich eintritt.

2) Der kleine Fluß Bar.

Kanäle sind:

Der Canal du Midi verbindet das atlantische mit dem Mittelmeer. Er ist 30 Meilen lang, oben 60 Fuß breit und hat 60 Schleusen. Er mündet einerseits in die Garonne bei Toulouse, andererseits in das Mittelmeer bei Cette. Er läuft brückenartig über 55 Bäche hinweg und geht an einer Stelle 180 Meter lang durch einen Berg.

Der Canal du Centre ist 15 Meilen lang, führt von der Loire bis nach Chalons=sur=Saone und verbindet folglich ebenfalls, mittelbar, beide Meere.

Der Canal du Briave, eben so lang, verbindet die Loire mit der Seine.

Der Canal du Bourgogne, 33 Meilen lang, ver= bindet die Seine mit der Saone.

Die Länge aller französischen Kanäle beträgt 500 Meilen.

Bevölkerung.

Die Franzosen sind ein Mischlingsvolk, entstanden aus Ur= bewohnern, Römern und Deutschen, doch ist das germanische Element dem romanischen unterlegen, aus den Franken sind Franzosen geworden, seit Jahrhunderten die Erbfeinde der Deutschen. Sie bilden die weit überwiegende Mehrzahl der Bevölkerung.

Der Franzose ist sehr lebendig, geist- und witzreich, höflich, gesprächig, mehr gesellig als häuslich, tapferer Krieger, dem die Gloire (der Kriegsruhm) über Alles geht, industriell. Die Pariser Moden werden überall nachgeäfft, ihnen verdanken wir unsere geschmacklosen Schleppkleider, Crinolinen und Chignons, mit denen sich unsere Modenärrinnen entstellen und verunzieren. Die Schulbildung ist in hohem Grade vernachlässigt, nur der dritte Theil kann lesen und schreiben, doch sind die höhern Stände kenntnißreich, und viele berühmte Männer, Schriftsteller, Naturforscher, Aerzte, Mathematiker und Kriegshelden sind aus Frankreich hervorgegangen. Nur Geographie scheint nicht das Fach der meisten Franzosen zu sein. Namentlich haben sie über Deutschland nur geringe Kunde.

Außer den Franzosen findet man in Frankreich nur noch: Bretons, etwa 1 Million, in der westlichen Bretagne, der Abstammung nach verwandt mit den ältesten Bewohnern Englands, den Briten.

Deutsche, 1½ Millionen, im Elsaß, einer von Rechts wegen zu Deutschland gehörenden Provinz zwischen dem Rhein und den Vogesen, und in dem ehemals deutschen Herzogthum Lothringen. Ferner:

Italiener, Juden, Zigeuner.

Merkwürdig ist die Thatsache, daß die Bevölkerung Frankreichs bei Weitem nicht in dem Maße zunimmt, wie in den andern europäischen Ländern. Die mittlere jährliche Volkszunahme betrug in Frankreich in dem Zeitraume von 1821 bis 1861 blos 0,47 Procent, in England 1,30 Procent, in Preußen 1,18 Procent, in Sachsen 1,24 Procent.

Die Bevölkerung verdoppelt sich daher

in Frankreich in 147 Jahren,
in England » 53 »
in Preußen » 59 »
in Sachsen » 56 »

Auf der Quadratmeile lebten durchschnittlich

in Frankreich	i. J.	1816	3110	E.
	»	1866	3897	»
in Preußen	»	1816	2050	»
	»	1866	3879	»
im ganzen deutschen Bunde	»	1816	2630	»
	»	1866	4100	»

Der deutsche Bund und Frankreich gingen 1815 aus der
für lange Zeit geltenden Gebietsvertheilung fast genau mit derselben Einwohnerzahl hervor, beide mit 30 Millionen. Diese
Zahl stieg bei Frankreich bis 1861 auf 36,800,000, beim
deutschen Bunde auf 46,600,000. Der deutsche Bund hatte
daher in der gleichen Zeit fast 10,000,000 Einwohner mehr
bekommen.

Und dabei ist zu bemerken, daß die Auswanderung aus
Deutschland in dieser Zeit, sowie noch jetzt, sehr groß war;
während die französische Bevölkerung dem Auswandern sehr
abgeneigt ist.

Fragt man nun, wodurch dieser Stillstand in Vermehrung
der Bevölkerung, dieses Verkommen des Volkes, von dem wir
auch an den französischen Gefangenen Wahrnehmung machen,
denn die meisten derselben sind kleine Knirpse gegen die Norddeutschen, entstanden ist, so müssen wir erkennen, daß die Ver-
wilderung und Verschlechterung der Sitten die Schuld davon
trägt.

Um nicht in diesen stinkenden Unrath zu tief zu rühren,
erinnern wir nur daran, daß, als bekannt genug aus den Zeitungen, die meisten Ehen nur zwei Kindern das Dasein geben,
daß viele französische Mütter ihre Säuglinge Weibern auf dem
Lande, den sogenannten Ziehmüttern oder Engelmacherinnen,
übergeben. — Welche deutsche Mutter wäre wohl unbarmherzig
genug gegen ihr Kind, um ein solches Schicksal ihm zu bereiten!

Frankreich besitzt 8 Städte von mehr als 100,000 Einw.:

Paris 1,825,274 Einwohner.		Lille 154,749 Einwohner.	
Lyon 323,954	»	Toulouse 126,936	»
Marseille 300,131	»	Nantes 111,954	»
Bordeaux 194,241	»	Rouen 100,671	»

Religion.

Die Mehrzahl der Franzosen besteht aus Katholiken, doch genießen nach dem Gesetze alle andere Religionspartheien gleiche Rechte, wiewohl der besonders im südlichen Frankreich herrschende Verfolgungskrieg oft, und sogar noch 1815, blutige Auftritte veranlaßt hat.

Es leben jetzt, in 55 Departements zerstreut, 4½ Millionen Protestanten in Frankreich, wovon an 3 Millionen im eigentlichen und besonders südlichen Frankreich sich zur reformirten oder schweizerischen, und 1½ Millionen im Elsaß zur lutherischen Confession bekennen. Die Geistlichen der Reformirten erlangen ihre Ausbildung in Genf, die Lutheraner haben ihre Universität in Straßburg.

Die Revolution hat die katholische Kirche in Frankreich furchtbar erschüttert; alle ihre höchst ansehnlichen Güter wurden eingezogen und der größte Theil der Geistlichen mußte entfliehen, um dem blutigen Hasse des Volkes zu entgehen. Unter dem ersten Napoleon sind zwar die Kirchen wieder hergestellt, und von den Bourbonen wurden die Geistlichen sehr begünstigt, und jetzt haben sie, eben darum, weil sie ärmer sind und dem Volke näher stehen, einen so großen Einfluß wieder gewonnen, daß sie dem dritten Napoleon zur Stütze gereichten. Ob sie aber bei ihrer Unwissenheit und dem den Aberglauben begünstigenden Geiste eines großen Theils der katholischen Priester segensreich auf das Volk einwirken, ist sehr zu bezweifeln.

Die katholische Geistlichkeit zählt 14 Erzbischöfe, 66 Bischöfe, ferner: Generalvicare, Stiftsherren, Pfarrer, Hilfsgeistliche.

Das Kriegsheer.

Nach dem Gesetz ist jeder Franzose mit dem vollendeten 21. Jahre dienstpflichtig, entweder in der Armee oder in der Marine. Die Dienstzeit dauert 9 Jahre, und zwar 5 Jahre activ bei der Fahne, 4 Jahre in der Reserve, doch ist Loskauf zulässig, auch bestehen mancherlei Ausnahmen für Geistliche, Polytechniker und Lehramtscandidaten; auf Familienverhältnisse wird ebenfalls Rücksicht genommen.

Die Losgekauften werden dadurch noch nicht ganz militärfrei, müssen vielmehr in die mobile Nationalgarde eintreten, welche bei Kriegsgefahr durch kaiserliches Decret einberufen werden kann; die Dienstzeit in der mobilen Nationalgarde beträgt 5 Jahre.

Die Armee unter der Fahne, was bei uns die Linie ist, ergänzt sich durch

1) das Kontingent der alljährlich Einberufenen,

2) durch eintretende Freiwillige,

3) durch Stellvertreter,

4) durch Geworbene.

Das jährliche Kontingent beläuft sich nominell auf 100,000 Mann, liefert aber in Wirklichkeit nur 70,000 Mann, die jährliche Gesammtzahl der Freiwilligen kann man auf 6000 Mann annehmen.

Die Zahl der altgedienten Stellvertreter, Rengagés genannt, beträgt in der ganzen activen Armee nahezu 85,000 Mann.

An geworbenen Truppen, Zuaven, Turkos u. dgl. hatte die Armee 17,000 Mann.

Die Stärke der gesammten activen Armee belief sich auf 460,000 Mann, während die Linientruppen des Norddeutschen Bundes 785,000 Mann vielleicht noch übersteigen.

Die Reserve setzte sich zusammen aus

32,773 Mann ausgedienter Leute, und aus
89,961 Mann Krümper, b. h. Beurlaubte.
Zusammen also 122,734 Mann.

Die mobile Nationalgarde bestand

1) aus den Freigeloosten des jährlichen Kontingents,
2) aus solchen, welche wegen ihrer Familienverhältnisse vom activen Dienst befreit waren,
3) aus denen, die sich in der activen Armee einen Stellvertreter gekauft hatten.

Die Einberufung der Mobilgarden konnte nur bei Kriegsgefahr durch ein besonderes Gesetz erfolgen, sie hatte Bataillone und Batterien, aber keine Kavallerie, und sollte zur Vertheidigung fester Plätze, der Küsten und Grenzen, sowie zur Aufrechthaltung der Ordnung im Innern verwendet werden. Eine Landwehr wie die unsrige ist sie durchaus nicht. Ihre Stärke schätzt man auf 150,000 Mann.

Die Stärke der französischen Armee betrug daher:

Active Armee auf Kriegsfuß . . 460,000 Mann,
Ersatztruppen oder Reserve . . . 83,000 »
Mobilgarde oder Besatzungstruppen 150,000 »
Zusammen also 693,000 Mann.

Mehr als die Hälfte des ganzen Offiziercorps ging aus den Unteroffizieren hervor, die übrigen kamen aus den militärischen Erziehungsanstalten. Die gebildeten Klassen der Bevölkerung zeigen wenig Neigung Offizier zu werden. Derjenige Theil der Offiziere, welcher nicht durch militärische Erziehungsanstalten gegangen ist, steht jenem, welcher hier erzogen wurde, an geistiger und gesellschaftlicher Bildung erheblich nach: das Offiziercorps ist daher nicht wie bei uns aus einem Gusse; denn selbst bei der Landwehr können bei uns nur hochgebildete junge Männer Offiziere werden. Aus diesem Umstande er-

klären sich auch die Rohheiten, welche sich die Franzosen im
Kriege erlauben, die Zerstörung offener, von keinem Feinde
besetzter Städte, wie Saarbrücken und Kehl, das Schießen auf
Lazarethe und Verbandplätze, auf Parlamentäre u. dgl.

Die Armee bestand aus der Garde und den Linientruppen.

Die Garde enthielt:

A. **Infanterie:**

    3 Grenadier-Regimenter,
    4 Voltigeur-Regimenter,
    1 Zuaven-Regiment à 2 Bataillone,
    1 Jäger-Bataillon à 10 Compagnien.
        Zusammen 8 Regimenter und 1 Bataillon.

B. **Kavallerie:**

    1 Regiment Küraffiere } schwere,
    1   »   Karabiniers

    1   »   Dragoner } Linien-Kavallerie,
    1   »   Ulanen

    1   »   Jäger zu Pferde } leichte.
    1   »   Guiden
        Zusammen 6 Regimenter.

C. **Artillerie:**

    1 Regiment Fuß-Artillerie,
    1   »   reitende Artillerie,
    1 Escadron Artillerie-Train.
        Zusammen 12 Batterien à 6 Geschütze.

Die Linie umfaßte:

A. **Infanterie:**

    100 Regimenter eigentliche Linie,
      3   »   Zuaven,
  20 Jäger-Bataillone,

3 Regimenter leichter afrikanischer Jäger,
1 Fremden-Regiment,
3 Regimenter Turkos.

B. Kavallerie:

10 Regimenter Reserve-Kavallerie,
20 » Linien-Kavallerie,
24 » leichte Kavallerie,
3 » Spahis.

C. Artillerie:

15 Regimenter Fuß-Artillerie,
1 Pontonier-Regiment,
4 Regimenter reitender Artillerie,
2 Regimenter Artillerie-Train.

D. Genie:

3 Regimenter,
1 Compagnie Handwerker.

E. Train:

3 Regimenter.

Frankreich besaß 119 Festungen, nämlich:

8 ersten Ranges: Paris, Lyon, Straßburg, Metz, Lille, Toulon, Brest, Cherbourg.

5 Kriegshäfen: Cherbourg, Brest, Rochefort, Lorient, Toulon.

13 Festungen zweiten Ranges: Gravelines, Mezieres, Givet-Charlemont, Thionville, Soissons, Belfort, Besançon, Perpignan, Bayonne, Rochefort, Valenciennes und Calais.

23 Festungen gelten für dritten,
75 gelten für vierten Ranges.

Marine.

Frankreich besitzt:

16 Panzerschiffe und Fregatten,
3 Panzer-Corvetten,
2 gepanzerte Thurmschiffe,

mit zusammen 6784 Geschützen.

Die Dampferflotte berechnete sich zu 106,241 Pferdekräften. Der Personenbestand der Flotte zählte 72,403 Mann unter 2 Admiralen, 16 Vice-Admiralen und 30 Contre-Admiralen.

Die seepflichtige Bevölkerung umfaßt 170,000 Mann, die Zahl der eingeschriebenen Mannschaften 66,000 Mann.

Für die Unterhaltung der Marine sind im Budjet 173 Millionen Franks bestimmt.

Anmerk. Von dieser ganzen Aufstellung mag wohl gar Vieles beim Ausbruch des Krieges i. J. 1870 blos auf dem Papiere gestanden haben. Eine englische Zeitung,»Daily News« (tägliche Neuigkeiten), schreibt darüber:

»In Paris coursirt eine Geschichte, welche die Differenz zwischen der Papier- und der effectiven Stärke des französischen Heeres erklärlich macht und in gewissem Grade Aufschluß darüber giebt, warum sich der Kaiser in den Krieg stürzte, obwohl er wußte, daß er dafür nicht vorbereitet sei. Seit langen Jahren reichte seine Civilliste nicht hin für die verschwenderischen Ausgaben des Hofes, für die Geschenke an seine Anhänger und für den geheimen Fonds, der erforderlich war, die Liebe für den Imperialismus unter seinen Unterthanen warm zu halten. Das Kriegsministerium mußte daher jährlich mit 2 Millionen L. Strl. herhalten. Diese Veruntreuung verheimlichte man durch Vorräthe, welche auf den Staatsrechnungen figurirten, ohne je angekauft worden zu sein, und indem man die Gelder, welche von Solchen, die sich vom Militärdienste loskauften, in die Militärkasse flossen, mißbrauchte, anstatt dafür Stellvertreter anzuwerben. In Folge dessen hatten Regimenter, die nominell 2000 Mann stark waren, eine Effectivstärke von nur 1500 Mann, während das Geld für die Substituten und die angeblichen jährlichen Kosten für letztere der Civilliste überwiesen wurden. Als der Kaiser vor einigen Monaten genöthigt wurde, dem Rufe nach einer parlamentarischen Regierung nachzugeben, wußte er, daß die nächste legislative Versammlung so viele Constitutionalisten zählen würde, daß, selbst bei einer kaiserlichen Majorität, der scandalöse Betrug an den Tag kommen würde. Seine einzige Chance war demnach, einen Krieg zu wagen; eine glückliche Campagne, so calculirte er, würde der parlamentarischen Regierung den Untergang bereiten, oder, wenn das unmöglich, konnte das Deficit an Mannschaften und Kriegsmaterial dem Kriege in die Schuhe geschoben werden. Marschall Leboeuf hoffte, daß selbst mit der geringen Macht zu seiner Verfügung ein Sieg gewonnen und dann ein glorreicher Friede geschlossen werden könnte. Er und die persönlichen Anhänger des Kaisers waren in das Geheimniß eingeweiht; sie fühlten, daß sie mit ihrem Herrn und Meister schwimmen oder sinken mußten, und daß für sie wie für ihn Sieg die einzige Chance der Straflosigkeit involvire. Aber wenn der Chef stiehlt, stehlen auch die Untergebenen. Der Kaiser und der Kriegsminister sahen sehr bald, daß auf die Mannschaften und Vorräthe, die sie in der Einbildung besäßen, nicht zu rechnen sei. Lebensmittel und Munition reichten kaum für eine Operation über die Grenze aus. So erklärt sich der Aufschub des Angriffs und die darauf folgende Katastrophe.

Eintheilung und Organisation.

Frankreich, früher aus 17 Provinzen bestehend, war eingetheilt in 89 Departements.

Die Größe der Departements ist natürlich verschieden, doch umfaßt jedes Departement durchschnittlich 110 QM. mit 427,700 Einwohnern.

Die Departements waren getheilt in 373 Arrondissements, in 2938 Kantone und in 37,500 Gemeinden.

Jedem Departement ist ein Präfect vorgesetzt, jedem Arrondissement ein Unterpräfect, jedem Kanton ein Friedensrichter, jeder Gemeinde ein Maire.

Eine Städteordnung giebt es nicht; von einer Selbstverwaltung und Selbstregierung, wie bei uns, ist keine Spur vorhanden.

Wir nennen hier die 89 Departements nebst ihren Hauptstädten:

Provinz Isle de France.

1) Dep. Seine 8,64 QM., 2,150,916 E.
Hauptstadt Paris.

2) Dep. Seine und Oise 101,7 □M., 533,727 E.
   Versailles 44,021 E.
3) Dep. Seine und Marne 104,18 □M., 354,000 E.
   Melun 11,408 E.
4) Dep. Oise 166,13 □M., 401,274 E.
   Beauvais 15,307 E.
5) Dep. Aisne 133,52 □M., 565,025 E. — Laon 10,268 E.

Provinz Normandie.

6) Dep. Untere Seine 109½ □M., 792,768 E.
   Rouen 100,671 E.
7) Dep. Eure 108⅓ □M., 394,467 E.
   Evreux 12,320 E.
8) Dep. Calvados 100¼ □M., 474,909 E.
   Caen 41,564 E.
9) Dep. Manche 107,67 □M., 573,900 E.
   St. Lo 9693 E.
10) Dep. Orne 110,73 □M., 414,618 E.
    Alençon 16,115 E.

Provinz Picardie.

11) Dep. Somme 111,80 □M., 572,640 E.
    Amiens 16,063 E.

Provinz Artois.

13) Dep. Pas de Calais 119,97 □M., 749,777 E.
    Arras 25,749 E.*)

Provinz Flandern.

12) Dep. Nord 107,17 □M., 1,392,041 E.
    Lille 154,749 E.

---

*) Die Provinz Boulonnais, an der Meerenge von Calais, gehört zu dem Departement Pas-de-Calais. Ihre Hauptstadt Boulogne, am Meer, hat 40,451 E.

Provinz Champagne.

14) Dep. Aube 1 9 QM., 261,951 E.

Troyes 35,678 E.

15) Dep. Marne 148,57 QM., 390,809 E.

Chalons für Marne 17,692 E.*)

16) Dep. Haute-Marne 112,96 QM., 259,096 E.

Chaumont 8285 E.

17) Dep. Arbennes 95 QM., 326,864 E.

Mezières 5818 E.**)

Provinz Lothringen.

18) Dep. Meurthe 110,6 QM., 428,387 E.

Nanzig 50,000 E.

19) Dep. Vosges 110,42 QM., 418,998 E.

Epinal 11,870 E.

20) Dep. Maas 113,11 QM., 301,653 E.

Bar le Duc 15,334 E.

---

*) Genannt im Kriege 1870 sind: Joinville für Marne, 3900 E., ist Hauptort des Kantons Baffy für Blaife, hat viele Klöster, Fabriken und Hochöfen; inmitten eines großen Parks steht das Schloß der alten Herzöge von Guise, denen Louis Philipp auf dem dortigen Kirchhofe ein Denkmal errichten ließ.

Baffy, 3100 E., ist an der zur Marne fließenden Blaife gelegen.

Suippes, im Dep. der Marne, an der Suippe, hat 2200 E. und ist theilweise noch von den Wällen umgeben, welche aus der Zeit der Ligue herstammen.

Sommepy ist am Ursprung des Py im Arrondissement St. Menehould gelegen und hat etwa 1100 E.

**) Aus dem Kriege 1870 ist merkwürdig:

Rethel, 7500 E., am Abhange eines Hügels unweit der Aisne.

Bonziers, liegt an demselben Flusse, in beiden Orten sind Unterpräfecten.

Montbois, an einem Zuflusse der Aisne.

Grandpré, an der Aire, ist bekannt durch mineralische und besonders phosphorhaltige Quellen.

Crois-aug-bois, am Rande des Waldes von Boult, hat 640 E.

21) Dep. Mosel 97,5 QM., 452,157 E.
Metz 54,817 E.

Provinz Elsaß.

22) Dep. Niederrhein 82,69 QM., 588,970 E.
Straßburg 84,117 E.
23) Dep. Oberrhein 74,6 QM., 530,285 E.
Colmar 23,699 E.
Mühlhausen 58,773 E.

Provinz Bourgogne (Burgund).

24) Dep. Cote d'or 159,11 QM., 382,762 E.
Dijon 39,193 E.
25) Dep. Saone und Loire 155 QM., 600,000 E.
Maçon 18,352 E.
26) Dep. Yonne 134,9 QM., 372,589 E.
Auxerre 15,497 E.
27) Dep. Ain 105,32 QM., 371,643 E.
Bourg 13,733 E.

Provinz Franche-Comté oder Grafschaft Burgund.

28) Dep. Doubs 94,44 QM., 298,072 E.
Besançon 46,961 E.
29) Dep. Jura 90,7 QM., 298,477 E.
Lons-le-Saulnier 9943 E.
30) Dep. Haute Saone 96,08 QM., 317,706 E.
Besoul 7614 E.

Provinz Bourbonnais.

31) Dep. Allier 132,73 QM., 376,164 E.
Moulins 19,890 E.

Provinz Rivernais.

32) Dep. Nièvre 123,8 QM., 342,773 E.
Nevers 20,700 E.

Provinz Berry.

33) Dep. Cher 130,75 □M., 336,613 E.

Bourges 30,119 E., wohin am 1. Sept. 1870 drei Ministerien verlegt werden sollten.

34) Dep. Indre 123,4 □M., 277,800 E.

Chateauroux 17,161 E.

Provinz Orléanais.

35) Dep. Loiret 122,97 □M., 357,110 E.

Orleans 49,100 E.

36) Dep. Eure und Loire 106,68 □M., 290,573 E.

Chartres 19,442 E.

37) Dep. Loir und Cher 105,34 □M., 275,757 E.

Blois 20,028 E.

Provinz Touraine.

38) Dep. Indre und Loire 111,3 □M., 325,195 E.

Tours 42,450 E., wohin am 1. Sept. 1870 das Ministerium des Innern verlegt werden sollte.

Provinz Anjou.

39) Dep. Maine und Loire 129,34 □M., 532,432 E.

Angers 54,791 E.

Provinz Maine und Perche.

40) Dep. Sarthe 112,72 □M., 463,614 E.

Le Mans 45,230 E.

41) Dep. Mayenne 93,9 □M., 367,855 E.

Laval 27,180 E.

Provinz Bretagne.

42) Dep. Ille und Vilaine 122,15 □M., 592,609 E.

Rennes 49,231 E.

43) Dep. Cotes du Nord 125,05 □M., 621,210 E.
St. Brieux 15,812 E.
44) Dep. Finisterre 112,06 □M., 662,445 E.
Quimper 12,532 E.
45) Dep. Morbihan 123,46 □M., 501,084 E.
Vannes 14,560 E.
46) Dep. Loire inferieure 184,82 □M., 598,500 E.
Nantes 111,956 E.

Provinz Poitou.

47) Dep. Vienne 126,50 □M., 324,527 E.
Poitiers 31,034 E.
48) Dep. Deux Sevres 108,96 □M., 333,155 E.
Niort 20,775 E.
49) Dep. Vendée 121,74 □M., 404,473 E.
Napoleon-Vendée 8710 E.

Provinz Aunis und Saintoge.

50) Dep. Charente inferieure 123,96 □M., 479,559 E.
La Rochelle 18,729 E.

Provinz Angoumais.

51) Dep. Charente 107,92 □M., 378,218 E.
Angouleme 25,116 E.

Provinz La Marche.

52) Dep. Creuse 101,13 □M., 274,057 E.
Gueret 5126 E.

Provinz Limousin.

53) Dep. Haute Vienne 100,19 □M., 326,027 E.
Limoges 53,022 E.
54) Dep. Corrèze 106,53 □M., 310,483 E.
Tulle 12,006 E.

Provinz Auvergne.

55) Dep. Puy de Dome 144,39 □M., 571,690 E.
Clermont-Ferrand 37,690 E.
56) Dep. Cantal 104,27 □M., 237,994 E.
Aurillac 10,998 E.

Provinz Lyonnais.

57) Dep. Rhone 50,68 □M., 678,648 E.
Lyon 323,354 E.
58) Dep. Loire 86,44 □M., 537,108 E.
Etienne 96,620 E.

Provinz Guyenne.

59) Dep. Gironde 176,89 □M., 701,855 E.
Bordeaux 194,241 E.
60) Dep. Dordogne 166,76 □M., 502,673 E.
Perigueux 20,401 E.
61) Dep. Lot und Garonne 97,23 □M., 327,962 E.
Agen 18,222 E.
62) Dep. Lot 94,65 □M., 288,919 E.
Cahors 14,115 E.
63) Dep. Tarn und Garonne 67,56 □M., 228,969 E.
Montauban 25,991 E.
64) Dep. Aveyron 158,79 □M., 400,070 E.

Provinz Gascogne.

65) Dep. Gers 144,06 □M., 295,692 E. — Auch 12,500 E.
66) Dep. Hautes Pyrénées 82,26 □M., 240,252 E.
Tarbes 15,658 E.
67) Dep. Landes 169¼ □M., 306,693 E.
Mont be Marsan 8455 E.
Biarriz 3652 E., Lieblingsaufenthalt des Kaiser-
paares, liegt in diesem Departement.

7*

Provinz Navarra und Bearn.

68) Dep. Basses Pyrénées 138,44 □M., 435,486 E.
Pau 24,563 E.

Grafschaft Foix.

69) Dep. Arriège 88 □M., 250,436 E. — Foix 6746 E.

Provinz Roussillon.

70) Dep. Pyrénées orientales 74,86 □M., 189,490 E.
Perpignan 25,264 E.

Provinz Languedoc.

71) Dep. Haute Garonne 114,23 □M., 493,777 E.
Toulouse 126,936 E.
72) Dep. Tarn 104,28 □M., 355,513 E. — Alby 16,596 E.
73) Dep. Aube 114,66 □M., 288,626 E.
Carcassonne 22,173 E.
74) Dep. Herault 112,58 □M., 427,245 E.
Montpellier 55,606 E.
75) Dep. Gard 105,98 □M., 429,700 E.
Nimes 60,240 E.
76) Dep. Lozère 94 □M., 137,263 E. — Mende 6453 E.
77) Dep. Ardeche 100,37 □M., 387,174 E.
Privas 7204 E.
78) Dep. Haute Loire 90¹/₈ □M., 312,661 E.
Le Puy 19,532 E.

Provinz Dauphiné.

79) Dep. Jsere 150¹/₂ □M., 581,386 E.
Grenoble 40,484 E.
80) Dep. Hautes Alpes 10¹/₂ □M., 122,117 E.
Gap 8775 E.
81) Dep. Drome 118,44 □M., 324,231 E.
Valence 20,143 E.

Provinz Provence.

82) Dep. Bouches du Rhone (Rhonemündungen) 92³/₄ ⃝M.,
547,903 E. — Marseille 300,131 E.

83) Dep. Var 110,48 ⃝M., 308,550 E.
Toulon 77,126 E. — Hyères, ½ Meile vom
Meere, klimatischer Kurort.

84) Dep. Alpes Basses (Nieder-Alpen) 126¹/₃ ⃝M.,
143,000 E. — Digne 7002 E.

Provinz Avignon.

85) Dep. Vaucluse 64,43 ⃝M., 226,091 E.
Avignon 36,440 E.

Insel Corsica.

86) Dep. Corsica. Darauf: Ajaccio 14,548 E.
Geburtsort Napoleons I.

Provinz Savoyen.

87) Dep. Savoyen 105 ⃝M., 271,663 E.
Chambery 18,279 E.

88) Dep. Haute Savoye 78²/₅ ⃝M., 273,768 E.
Annecy 11,584 E.

Grafschaft Nizza.

89) Dep. Alpes Maritimes (See-Alpen) 69,72 ⃝M.,
198,181 E. — Nizza 50,180 E.

Anhang.

Kleines Kriegs=Lexikon.

Abschnitt in einem Festungswerke, heißt eine zweite verschanzte Linie in demselben, die man anlegt, um auch nach Verlust des Werkes die Vertheidigung noch fortzusetzen.

Adjutant, ein dem Chef zugetheilter Hilfsoffizier, der dessen Befehle zu vertheilen und darauf zu sehen hat, daß sie befolgt werden. — Generaladjutant, beim Monarchen oder Feldherrn.

Adler, Feldzeichen der französischen Regimenter.

Admiral (ein Wort, welches aus dem Arabischen stammt), heißt der Befehlshaber einer Schiffsflotte; ihm untergeben ist der Vice-Admiral und der Contre-Admiral, in Holland der Schaut by Nacht, in England der Rear-Admiral.

Allianz, Bündniß, — Offensiv-Allianz, Angriffsbündniß, — Defensiv-Allianz, Bündniß zur Vertheidigung. — Auxiliar-Allianz, Hilfsbund.

Ambulance, Kranken- und Verwundeten-Verpflegungsanstalt.

Ambulanzen, Lazarethwagen, welche nach einer Schlacht auf das Schlachtfeld fahren, um die Verwundeten aufzunehmen.

Amnestie, Verzeihung, Begnadigung.

Approchen, Laufgräben, 3 bis 5 Fuß tiefe, 10 bis 12 Fuß breite Gräben, in denen man sich der zu belagernden Festung nähert. — A. eröffnen, die Belagerung beginnen.

Armee, Kriegsheer.

Armiren, bewaffnen, eine Festung oder ein Schiff mit schwerem Geschütz versehen.

Arrièregarde, die Nachhut eines Heeres, bestimmt, den Rückzug desselben zu decken.

Auditeur, der dem Regimente, der Brigade oder der Division beigegebene Rechtsgelehrte.

Außenwerke, Befestigungen, welche außerhalb des Hauptgrabens einer Festung liegen. Die gewöhnlichsten derselben sind: die Grabenscheere, das Ravelin, die Lünetten, Contregarden, Hornwerke, Kronwerke, Tenaillen, Schwalbenschwänze, Bischofsmützen, Reduits, Fleschen, detaschirte Werke, über die man die betreffenden Artikel nachsehen möge.

Bajonnet, Flintspieß.

Bank, Pritsche oder Barbette, eine Erhöhung von Erde hinter der Brust-wehr einer Schanze, um mit Geschützen über die Brustwehr weg-feuern zu können.

Barricade, die in Eile zur Vertheidigung einer engen Stelle zusammen-gebrachten Gegenstände.

Basis, die Linie, auf welche sich die strategischen Operationspläne gründen und stützen. Diese Basis muß in ihrer Länge und an ihren Enden feste Punkte (Festungen, Eisenbahnen u. dgl.) haben, welche als Stütz-punkte oder Magazine dienen; Gebirgszüge und große Ströme spielen hierbei eine große Rolle.

Bastionen, hervorspringende Bollwerke an den Wällen der Festungen.

Bataille, Schlacht.

Bataillon, Unterabtheilung der Infanterie, gewöhnlich 600 bis 1000 Mann stark, gemeiniglich commandirt von einem Major.

Bivouac, Bivouaquiren, das Liegen der Soldaten unter freiem Himmel, ohne Zelte, im Gegensatz von Campiren und Cantonniren.

Blendungen, beim Festungskrieg alle Vorrichtungen, welche dem Feinde einen Einblick an gewisse Orte abschneiden.

Blockhaus, ein aus zusammengeschränkten Balken bestehendes, mit einer Decke und Schießspalten versehenes Haus für 25 bis 100 Mann.

Blockiren, einen Ort mit Soldaten einschließen oder einen Hafen mit Kriegsschiffen umstellen.

Bogenschuß, ist ein solcher, bei welchem die Kugel einen Bogen beschreibt, im Gegensatz vom Kernschuß, wobei das Geschütz gerabeaus ge-richtet ist.

Bombardiren, heißt eine Stadt oder Festung mit Bomben bewerfen, um womöglich Magazine und anderen Kriegsbedarf zu zerstören.

Bomben, sind große eiserne, mit einer Sprengladung versehene hohle Kugeln und mit einem in das Füllloch eingeschraubten hölzernen Zünder und zwei kleinen Handhaben. Die Sprengladung beträgt je nach der Größe des Calibers bis zu 10 Pfund Pulver. Die Bombe muß, wenn sie die beabsichtigte Wirkung thun soll, in dem Augenblicke zerspringen oder wie man sagt crepiren, wo sie niederfällt.

Brander, mit brennbaren Stoffen gefüllte Fahrzeuge, welche man feindlichen Schiffen entgegentreibt.

Brandgeschosse, Geschosse, welche bestimmt sind, Gebäude in Brand zu stecken, um den Feind daraus zu vertreiben.

Brandkugeln, oder Carcassen, haben dieselbe Bestimmung.

Caliber, 1) ein vierseitiger messingner Stab, welcher die Durchmesser der Kugeln von 1 bis 100 Pfd. zeigt; 2) der Durchmesser der Mündung eines Geschützes; 3) Modell eines zu bauenden Schiffes.

Chamade, ein Zeichen vermittelst der Trommel, welches dem Feinde andeutet, daß man mit ihm unterhandeln will. — Eine weiße Fahne muß dabei aufgesteckt werden.

Capitain, Hauptmann, Befehlshaber einer Compagnie; Commandeur eines Schiffes.

Capituliren, wegen Uebergabe (einer Stadt 2c.) unterhandeln, sich ergeben.

Caponnière, ein gegen das feindliche Feuer gedeckter, zur Verbindung zweier Werke dienender Platz; Schießgrube.

Carbonari, Köhler, eine geheime politische Gesellschaft in Italien.

Caronaden, schwere Geschütze auf Schiffen und in Festungen.

Cartousche, die in einen Beutel genähete Pulverladung.

Casematten, zu deutsch Mordkeller, bombenfeste Gewölbe unter dem Hauptwalle einer Festung.

Cavallerie, Reiterei.

Chassepot-Gewehre, Hinterlader.

Choc, Stoß, das Losstürzen auf den Feind, besonders der Cavallerie.

Circumvallationslinie, die Umschanzung, mit welcher die Belagerer ihr Lager umgeben, um sich gegen äußere Anfälle zu schützen.

Citadelle, kleine Festung neben oder auch in einer Stadt, womöglich auf einer beherrschenden Höhe.

Colonne, Heersäule, Aufstellung von Truppen, so daß diese durch das Hintereinanderschieben mehrerer Abtheilungen eine tiefe Masse bilden.

Commendement, der senkrechte Abstand der Krone der Brustwehr einer Schanze von einem Punkte außerhalb desselben.

Commodore, ein Schiffs-Capitän, der ein Geschwader befehligt.

Compagnie, eine Truppenabtheilung, 100 bis 250 Mann stark, von einem Hauptmann befehligt; 4 Compagnien bilden ein Bataillon.

Connetable, Befehlshaber der Reiterei.

Contingent, Beitrag zu dem Reichsheere, welchen deutsche Reichsstände früher zu den Reichskriegen zu stellen hatten.

Contravallationslinie, die Verschanzung, mit welcher der Belagerer sein Lager gegen Ausfälle aus der Festung zu schützen sucht.

Contrescarpe, die Gegenböschung, welche der innern Böschung des Grabens einer Festung auf der Stadtseite entgegensteht.

Contregarde, ein Außenwerk, welches bestimmt ist die Futtermauer einer Bastion zu decken.

Corps d'Armée, Armeecorps, Hauptabtheilung eines Kriegsheeres. — Reserve-Corps, Rückhaltsabtheilung, — Corps volant, fliegendes Corps, — Corps de garde, die auf Wache gestellten Soldaten.

Corsaren, Seeräuber.

Coup de main, Handstreich, Ueberrumpelung.

Courtine, der Zwischenwall, Mittelwall, ein Wall, welcher zwei Bollwerke verbindet.

Defensionslinie, eine gerade Linie bei Verschanzungen, nach welcher das Geschütz bei der Vertheidigung gerichtet werden muß.

Defensivkrieg, Vertheidigungskrieg.

Défilé, ein Weg, welcher durch Ortshindernisse so beengt ist, daß er von Truppen nur in geringer Breite passirt werden kann.

Défilement, die Bestimmung der Lage und Höhe einer Verschanzung, in Bezug auf die in der Nähe liegenden Anhöhen, um den innern Raum derselben der Einsicht des Feindes zu entziehen.

Défiliren, 1) einen Engweg passiren; 2) vor Jemand en colonne oder gliederrecht vorbeimarschiren.

Degen, Schwert, Pallasch, Säbel, Seitengewehre verschiedener Art. Der Degen dient mehr zum Stoß und Stich als zum Hieb, Staatsdegen sind sehr leicht, oft reich verziert und dienen nur zum Putz. Das Schwert, schwerer als der Degen, dient zum Stoß und Hieb, wird aber jetzt nur noch bei Enthauptungen angewendet. Der Pallasch, das Seitengewehr der schweren Reiterei, ist breit, einschneidig mit abgerundeter Spitze und dient nur zum Hauen. Der Säbel, das Seitengewehr der leichten Reiterei und des Fußvolks, unterscheidet sich vom Pallasch durch seine Krümmung.

Deroute, Rückzug in Auflösung.

Detachement, eine abgezweigte, zu einem kriegerischen Zweck entsendete Truppe.

Detachirte Forts, weit vorgeschobene Festungswerke.

Echelon, die Leitersprosse. Ein Heer marschirt en échelon oder par échelon, wenn es treppenförmig d. h. in kleinen weit aufeinanderfolgenden Abtheilungen vorrückt.

Eclaireurs, Vortruppen, Plänkler.

Enceinte, Einschlußlinie.

Escadre, ein Anzahl von wenigstens 9 Schiffen, die unter einem Contre-admiral stehen.

Evolutionen, Bewegungen von Truppen zur Uebung oder vor dem Feinde, Colonnenformirungen, Aufmärsche u. dgl.

Face, Vorderseite, Außenseite, die Gesichtslinie eines Bollwerks.

Fahnenwache, die Wache vor der ersten Linie des Lagers.

Faschinen, Bündel von Reisig 6 bis 16 Fuß lang, ein Fuß dick, welche bei Belagerungen, aber auch bei Wasserbauten gebraucht werden.

Feldgeschrei, Parole, Losung, Wörter, durch die sich die Parteien besonders zur Nachtzeit als Freunde erkennen. Das Feldgeschrei ist gemeiniglich der Name eines Ortes, die Parole der Name einer Person, die Losung ein Wort, eine Phrase oder ein Ton.

Feldmarschall oder **Generalfeldmarschall,** ist der oberste Befehls-haber eines ganzen Heeres.

Feldzeugmeister, ist bei den Oesterreichern der Rang sogleich nach dem Feldmarschall. Höchster Rang ist nämlich Feldmarschall, dann kommt Feldzeugmeister und dann Feldmarschall-Lieutenant.

Feldwacht, ein vorgeschobener Posten, welcher ein Feldlager vor plötz-lichen Anfällen schützt. Vor sich hat sie noch Doppelposten und Be-detten, hinter sich einen stärkeren Trupp zur Unterstützung, im Lager selbst eine Truppe unter dem Namen Pikel.

Flanke, das äußerste Ende des Flügels einer Armee.

Flanqueurs, umherstreifende Reiter.

Flanquiren, eine Festung mit Seitenvertheidigung versehen.

Flesche, eine kleine pfeilförmige Schanze.

Fort, kleine Festung.

Fortification, Befestigungskunst.

Franctireurs, Freischützen, Freibeuter.

Fregatte, ein Kriegsschiff, welches früher im Range nach dem Linien-schiffe folgte. Jetzt hat man Panzerfregatten, welche an Stärke und Wichtigkeit jedes Linienschiff übertreffen.

Fronte, die dem Feinde entgegengekehrte Seite der Stellung.

General, dieses Wort bezeichnet im Allgemeinen die höchste Behörde in bürgerlichen und militärischen Stellungen.

General-Auditeur, Oberkriegsrichter.

Generalissimus, ist der oberste Befehlshaber mehrerer Heere.

Generalstab. An der Spitze desselben steht ein Chef, ein Posten von der höchsten Wichtigkeit. Er arbeitet die Kriegspläne aus und sein Blick muß sich bei deren Ausführung bis auf die Einzelheiten erstrecken. Er muß Alles erfahren, Alles wissen. Unter ihm arbeiten die Offiziere

des Generalstabes die Marsch- und Bewegungsentwürfe, die Anord-
nungen der eigentlichen Heerführung aus und leiten sie.

Genfer Convention, Uebereinkommen verschiedener Staaten zum
Schutze, auch im Kriege, zunächst der Kranken und Verwundeten,
dann auch der friedlichen Bürger, namentlich der Aerzte und Kranken-
pfleger.

Glacis, die flache Abdachung der äußeren Brustwehr an dem bedeckten
Wege einer Festung, welche sich in das Feld verliert.

Granaten, mit Sprengsatz gefüllte und mit einer Brandröhre versehene
eiserne Kugeln, kleiner als Bomben und nicht wie diese aus Mörsern,
sondern aus Haubitzen geschossen.

Grenadier, eine früher mit einpfündigen Handgranaten bewaffnete
Truppe.

Infanterie, Fußvolk. Das Wort stammt aus der spanischen Kriegs-
sprache.

Ingenieur, ein Offizier, welcher theils den Festungsbau, theils die
Belagerung einer Festung, besonders den wissenschaftlichen Theil
derselben leitet. Im Kriege sind Ingenieure dem Generalstabe zugetheilt.

Inundation, Unterwassersetzung der Festungsgräben.

Invaliden, Soldaten und Offiziere, welche durch Krankheit oder Wunden
zu fernerem Dienst untauglich geworden sind.

Kanone, Schießröhre, Feuerschlund. Gemeiniglich sagt man die Kanone,
in der Artilleriesprache sagt man das Kanon.

Kartätsche, eine cylindrische Büchse von Blech, welche mit eisernen
Kugeln gefüllt, aus Haubitzen und Kanonen geschossen wird.

Kreneliren, eine Mauer mit Schießscharten versehen.

Küraß, Brustharnisch. — Kürassiere, Reiter, die mit einem Küraß
und einer Sturmhaube bewaffnet sind.

Landwehr. Ausgebildete, zu ihren bürgerlichen Gewerben entlassene, aber
noch dienstpflichtige Soldaten.

Lazareth, Kranken- und Verwundeten-Verpflegungsanstalt.

Legion, war bei den Römern ein Heereskörper anfangs von 3300,
dann später von 6200, unter den Kaisern von 9000 bis 10000 Mann.

Linie, eine Reihe in Schlachtordnung aufgestellter Soldaten oder Schiffe.

Linienschiffe, die größte Art von Kriegsschiffen, ausgerüstet mit 80 bis
100 Kanonen. Sie werden jetzt übertroffen von den Panzerschiffen,
bei denen eben so viel auf die Dampfkraft ihrer Maschinen, als auf
die Größe der Kanonen ankommt.

Lisière, der Rand eines Gehölzes, eines Dorfes u. dgl.

Mitrailleuse, Kugelspritze.

Mobilgarden, siehe Nationalgarden.

Mordschlag, eine mit einer kurzen Brandröhre versehene Kugel mit einem platten Boden, welche in Feuerkugeln gelegt wird und durch ihr Zerspringen großen Schaden anrichtet.

Munition, Schießbedarf. Der Infanterist führt davon 80 scharfe Patronen, der Cavallerist 12 Stück bei sich. Die leichteren Kanonen haben deren eine Anzahl im Protzkasten.

Nationalgarden, sind bei den Franzosen, was bei uns die Bürgerwehr ist; wohingegen die M o b i l g a r d e n unserer Landwehr gleichen, nur mit dem Unterschiede, daß in Frankreich zu der letztern auch nichtgediente Leute zugezogen werden.

Object, der Punkt oder das Ziel (unter Umständen das feindliche Heer), welches durch eine Operation erreicht werden soll.

Occupation, Besitzergreifung.

Operationen, die Maßregeln, durch welche eine Armee den allgemeinen Zweck des Krieges erreichen will. Es giebt strategische und taktische Operationen.

Palissaden, Schanzpfähle, 8 bis 9 Fuß lange, 6 bis 7 Zoll im Durchmesser dicke, oben zugespitzte Pfähle, welche senkrecht oder schräg, dicht neben einander in die Erde gerammt sind.

Panier oder **Banner,** Heeresfahne.

Parlamentair, ein Abgeordneter, welcher zur mündlichen Unterhandlung von der einen kriegführenden Partei zu der andern abgeschickt wird.

Partisan, Parteigänger, Anführer eines kleinen Freicorps.

Quarré, Stellung von Infanterie, so daß sie zum Schutz gegen Reiterangriffe ein Viereck bildet. — Jetzt wird dieses Manöver nicht mehr angewendet.

Ravelin, ein Außenwerk einer Festung, welches vor der Courtine zwischen zwei Bastionen liegt und aus zwei Facen besteht.

Rayon, äußere Umgebung, Bezirk einer Festung.

Recognosciren, heißt sich von der Stellung des Feindes oder der Natur irgend einer Gegend durch eigene Anschauung unterrichten.

Redoute, eine geschlossene Feld-Schanze, welche bloß ausspringende Winkel, aber keine Seitenvertheidigung hat.

Repressalien, zurückwirkende, gewaltsame, drückende Maßregeln, welche gemeiniglich ganz Unschuldige treffen.

Requisition, Ausschreibung von Leistungen und Lieferungen zum Zwecke der Unterhaltung oder Weiterbeförderung eines Kriegsheeres.

Retirade, Rückzug in guter Ordnung.

Rikoschettschuß, ein Bogenschuß, bei welchem die Kugel nach dem erſten Aufprallen auf die Erde ſich wieder hebt und in immer kleineren Bogen ihr Ziel durchläuft.

Salvegarde, Schutzwache.

Sappe, ein Graben, in welchem ſich die belagernden Truppen einem befeſtigten Platze nähern, und daher nicht leicht geſehen und beſchoſſen werden können.

Sappeur, ein Arbeiter, der darauf eingelernt iſt, alle Arten von Verſchanzungen zu bauen und Mauern zu unterminiren.

Sauseconduit, Geleitſchein.

Sauvegarde, Schutzwache.

Strategie, Kriegführung, Feldherrnkunſt.

Sturm, der Angriff auf Truppen oder Verſchanzungen mit gefälltem Bajonnet.

Subject, der Punkt, von welchem eine Operation ausgeht.

Taktik, die Lehre von der Stellung und dem Gebrauch der Truppen im Gefechte.

Tambour, die Schließung eines offenen Werkes mittelſt hart an einander angegrabener Paliſſaden, die, nach Befinden, mit Schießlöchern verſehen werden.

Tambour battant (unter Trommelſchlag zum Sturm) vorgehend.

Traineurs, Nachzügler.

Ulanen, Lanzenreiter.

Vedette, Schildwacht zu Pferde.

Verhau, ein Hinderniß, beim Vertheidigungskrieg, hauptſächlich anwendbar in Wäldern.

Verlag der **Schulbuchhandlung** von F. G. L. Greßler in Langensalza — zu beziehen durch jede Buchhandlung:

Jahrbuch
der
neuesten und interessantesten Reisen
herausgegeben
von
H. Schwerdt.

Erster Jahrgang:

1) **Eine Ferienreise im Thüringerwalde.** Mit colorirtem Titelbild (Wartburg) und elegantem Umschlage. X. 150 S. 8. 15 sgr.
2) **Reise nach Abessinien** und Jagdabenteuer daselbst. Mit einer Abbildung der
Festung Magbala. IV. 164 S. 8. 15 sgr.

Zweiter Jahrgang:

1) **Deutsche Nordfahrt.** Mit einer Abbildung. (Ostgrönländisches Familienbild
in einer Zeltwohnung.) 174 S. 8. 15 sgr.
2) **Die Länder der Bibel,** wie sie waren und wie sie sind. Pilgerfahrt
auf den Sinai und nach Jerusalem. Mit einer Abbildung des Sinai. 196 S. 8.
15 sgr.

Dritter Jahrgang:

1) **Die Pacific-Eisenbahn** und die Indianer in Nordamerika. Mit Abbildung
eines Indianerdorfes. 15 sgr.

Urtheile der Presse:

Gartenlaube. Literar.-polit. Feuilleton-Beilage: Deutsche Blätter.
Von dem um die thüringische Topographie sowohl, wie durch seine anerkannten Leistungen
auf dem Gebiete der Volksliteratur vielfach verdienten **Heinrich Schwerdt** ist neuer-
dings ein Unternehmen begründet worden, dem im Interesse der Bildung und des guten
Geschmackes ein gedeihlicher Fortgang zu wünschen ist. Den meisten so fabrikmäßig
zusammengehudelten Bearbeitungen von Reisebeschreibungen tritt endlich auch ein Schriftsteller wie Schwerdt mit einem für die Jugend bestimmten „Jahrbuch der neuesten
und interessantesten Reisen" entgegen. Die Sammlung erscheint (bei Greßler in
Langensalza) in eleganten Halbbändchen, von denen jedes einen abgeschlossenen Inhalt
bietet. Veröffentlicht sind bis jetzt: „Eine Ferienreise im Thüringerwalde", „Reise nach
Abessinien" und „Deutsche Nordfahrt". Das zuletzt genannte Bändchen empfehlen wir
ganz besonders, da es in sehr lebendiger und anziehender Erzählung die Geschichte der
ersten deutschen Nordpolfahrt vorüberführt und über die Bedeutung dieser Expeditionen
besser aufklärt als räsonnirende Abhandlungen und Journalartikel.

Illustr. landw. Zeitung 1870. Nr. 49. Sowohl der Jugend als dem
Volke kann kaum eine gesundere Lektüre geboten werden, als gute Reisebeschreibungen und
entsprechende Schilderungen aus dem Natur- und Menschenleben, wenn zumal die Dar-
stellungsweise so frisch, anziehend und allgemein verständlich ist, wie in dem Schwerdt'schen
Jahrbuche. Das uneingeschränkte Lob, welches wir bereits den früheren Bändchen ge-
geben haben, können wir auch dem vorliegenden ertheilen, welches einen überaus interessanten Gegenstand, die weitgestreckte, durch große bisher noch unbekannte Länderstrecken
führende Pacific-Eisenbahn behandelt und gleichzeitig das Leben der Indianer in Nordamerika wahrheitsgetreu und fesselnd schildert. Insbesondere können Eltern ihren Kindern kaum eine angenehmere und lehrreichere Lektüre bieten, als Schwerdt's Jahrbuch
der neuesten und interessantesten Reisen.

Druck von Julius Beltz in Langensalza.

Inhalt.

Inhalt.

B. Generalgouvernement Lothringen.